Comentarios sobre este libro

Parejas comprometidas en matrimonio

"Este material fue fundamental para enseñarnos a pensar espiritualmente durante nuestra relación de noviazgo. Las escrituras y los ejercicios prácticos nos prepararon para todas las alegrías y desafíos que conlleva el matrimonio".

—Joe Senter, Durham, NC

"Fuimos muy afortunados de tener los materiales prematrimoniales de Randall a fin de construir una base para nuestro matrimonio. Sin ello, no habríamos conocido algunos de los grandes temas que debían discutirse y pensarse de antemano. Gracias a ello, estábamos bien preparados, habíamos desarrollado grandes habilidades de comunicación, ¡y pudimos relajarnos y disfrutar de los primeros años de nuestro matrimonio!"

—Cory Kraftchick, Raleigh, NC

"Este libro te lleva a través del proceso de reconocer que tu pareja tiene necesidades diferentes a las tuyas, y que debes hacer un esfuerzo consciente para satisfacerlas, diariamente. Además, me llamó la atención el punto 'acepta como quieres que te acepten', lo que realmente llega al corazón de la pregunta '¿cómo puedo arreglar a mi pareja?'. La información es intemporal: las herramientas que aprendes de (o que te recuerda) este libro son aplicables tanto en tu primer año de matrimonio como en el de tu aniversario número 51. Un discípulo sabio revisaría y haría los ejercicios periódicamente".

—Jim Krozser, Raleigh, NC

"Muchas parejas hablan de que su primer año de matrimonio es el más difícil. Eso es especialmente cierto para aquellos que, como yo, estuvieron solteros y solos durante mucho tiempo antes de casarse. Pero nuestro primer año de matrimonio fue fantástico (¡y cada vez es mejor!), y lo atribuyo a los consejos que recibimos al repasar este material antes del día de la boda. Pudimos discutir nuestras expectativas e ideas de lo que sería el matrimonio, desde cómo manejaríamos los desacuerdos hasta quién sacaría la basura. El repaso de cada capítulo me ayudó a entender a mi prometido de una manera más profunda y me proporcionó el marco para discutir cuestiones que nunca habíamos abordado como pareja de novios. Pude decidir qué tipo de esposa quería ser para él y comprometerme con lo que haría (y no me permitiría hacer) para que mi matrimonio fuera fuerte. ¡Estamos eternamente agradecidos por la oportunidad de abordar estos desafíos antes de casarnos!"

—Melissa Alford, Raleigh, NC

Parejas mentoras

"A través de muchos años de aconsejar a matrimonios, es obvio para nosotros que las parejas con frecuencia están escasamente preparadas para los desafíos que conlleva el vivir diariamente como 'uno'. El apasionamiento e idealización que viene con el enamoramiento puede convertirse rápidamente en una frustración enloquecedora cuando las dos personas descubren que piensan y responden de forma diferente a las expectativas que tiene el otro.

"Cuando encontramos esta guía para la consejería prematrimonial que Randall había escrito, estábamos ansiosos por ponerla en práctica. Nos pareció extremadamente útil para preparar a las parejas mientras pensaban en su trasfondo, expectativas, desafíos y sueños para construir su nueva vida juntos. El libro, centrado en las Escrituras, es práctico, minucioso y lleva a la reflexión.

"Las parejas aprendieron mucho el uno del otro mientras trabajaban con entusiasmo en las tareas. Si se le preguntara a cualquiera de las parejas con las que hemos trabajado utilizando este material, dirían que les ha ayudado enormemente a tener un buen comienzo en su matrimonio, así como a superar los momentos más difíciles. Lo recomendamos a todas las parejas que estén planeando casarse; además, los temas y las tareas fortalecerán los matrimonios existentes, tanto a los nuevos como a los más antiguos".

—Wyndham y Jeanie Shaw, Boston

"Utilizamos esta guía para ayudar a una pareja que se iba a casar este otoño, después de que nuestra hija y nuestro yerno la revisaran antes de casarse. Nos alegró advertir que esta guía era bíblica, completa y estaba llena de ejemplos. Tanto la pareja que iba a casarse como mi marido y yo pensamos que era una guía excelente para preparar a una pareja para el matrimonio. Nos alegra ver que llegará a manos de muchas más parejas a medida que se publique y tenga más lectores".

—Alan y Sherry Rouse, Atlanta

"Hemos utilizado el material para hacer consejería prematrimonial con docenas de parejas. Hemos encontrado que es muy útil para iniciar conversaciones significativas con las parejas. Recomendamos encarecidamente el material para consejería prematrimonial cristiana".

—David y Peggy Malutinok, Atlanta

Aprender a vivir
como uno
SOLO

Un libro de trabajo para parejas comprometidas en matrimonio

Randall Alexander

THEATRON
PRESS

Una marca de Illumination Publishers

Diseño de portada: Toney C. Mulhollan
Diseño del interior: Toney C. Mulhollan
Gerente de traducción: Amy Morgan, amorganflsa@gmail.com
Traducción de los capítulos 1-6: Carlos Ramiro Solís Madera y María Gema Medieta Gómez
Traducción del resto del libro realizada utilizando el traductor DeepL
Corrección de estilo: Ana María Caro Maita y Priscila Rojas Villaroel

Randall y Kathy Alexander han estado casados por más de 40 años y han hecho consejería prematrimonial por más de 25 años. Randall se retiró de IBM después de 28 años y comenzó a trabajar para la Universidad Médica de Carolina del Sur en Charleston. Ha trabajado en la enseñanza y tutoría de software en todo el mundo y también como gerente. A partir de 1994, trabajó durante cuatro años en el ministerio, donde él y Kathy recibieron formación especial en consejería matrimonial y prematrimonial por parte de Wyndham y Jeanie Shaw, en ese entonces líderes del ministerio en Boston. Los Alexander han impartido retiros de fin de semana y numerosas clases sobre el matrimonio. Tienen tres hijas y dos yernos y también son orgullosos abuelos.

Contenido

Nota para las parejas comprometidas

El cuaderno de ejercicios es más útil cuando ambos tienen su propio ejemplar del libro, rellenan las preguntas por separado y luego se reúnen para discutir sus respuestas. Sin embargo, el cuaderno de trabajo puede ayudarte a prepararte para el matrimonio si tú, solo, lees el material y respondes a las preguntas. A la mayoría de las parejas les conviene buscar una pareja que les guíe mientras trabajan con el material del libro. El libro de trabajo revelará mucho sobre ti, tu futuro cónyuge y las áreas en las que puedes necesitar ayuda. Una pareja mentora puede proporcionar más información y ayudarles a abordar las cosas que surgen a medida que trabajan con el material.

Nota para las parejas mentoras

Esta pareja los ha elegido para que le ayuden a prepararse para el matrimonio. He aquí algunas sugerencias basadas en nuestra experiencia.

Para la mayoría de las parejas, se necesitan unas ocho sesiones de una hora y media para completar el material incluido en este libro. Establezcan un tiempo para reunirse con regularidad, normalmente una vez a la semana. Además, esto les da tiempo para prepararse para repartir el entrenamiento de modo que se minimice la carga en su agenda. Se puede empezar tan pronto como la pareja se comprometa. Empezar el material con cuatro meses de antelación permite que se flexibilice el tiempo, en caso de no lograr coordinar las agendas para reunirse o bien, da tiempo extra si se requiere profundizar en algún tema ya tratado. Si empiezan tarde, hagan lo posible por cubrir el material teniendo en cuenta el horario acordado entre ustedes y la pareja. El capítulo 9 suele ser mejor si se cubre una o dos semanas antes de la boda. Todos los demás capítulos se pueden hacer tan pronto como puedan tener tiempo para reunirse.

Antes de reunirse para una sesión, hagan que la pareja:

1. **Lea el material**
2. **Rellene las preguntas**
3. **Discuta sus respuestas juntos**

Las parejas que desean ayuda para prepararse para el matrimonio suelen hacer la tarea sin necesidad de muchas indicaciones. Si la pareja no se toma el tiempo necesario para leer el capítulo y responderse mutuamente, hay que posponer la sesión hasta que tenga el tiempo necesario.

Durante la sesión, repasen las respuestas a las preguntas de forma rotativa para que ambos tengan la oportunidad de responder primero a una pregunta. Las preguntas están diseñadas para exponer las áreas de su relación en las que necesitan ayuda. Siéntanse libres de hacer otras preguntas cuando lleguen a una de esas áreas. Denles la ayuda que necesitan para abordar el problema. Compartan con ellos cómo han afrontado ustedes ese problema o uno similar. Compartan algunas de las áreas de su matrimonio que son difíciles. Sean abiertos con ellos y sean realistas. Es importante que sepan que todos los matrimonios tienen sus dificultades. La forma de afrontarlos determina la fuerza o la debilidad de nuestra relación.

No intenten repasar todas las páginas de un capítulo durante una sesión. Utilicen las preguntas para guiarlos en lo que deben cubrir y en lo que deben invertir su tiempo. Al menos la mitad de la batalla consiste en descubrir las áreas potenciales de problemas. Las parejas suelen reconocerlas cuando piensan en sus respuestas y las discuten. Ayuden a la pareja a sentirse cómoda al hacer cualquier pregunta, y utilicen sus respuestas para guiarlos en cuanto a las áreas en las que deben invertir su tiempo.

Bienvenido

Preparándose

¡Felicidades por haber decidido casarte! Has dado un gran paso, uno que trascenderá el resto de tu vida. Es estupendo saber que Dios se preocupa por ti y que ha estado trabajando para conseguir lo que necesitas. Él quiere darte los deseos de tu corazón y prosperarte.

Salmo 20:4

Que te conceda lo que tu corazón desea;
que haga que se cumplan todos tus planes.

Jeremías 29:11

Porque yo sé muy bien los planes que tengo
para ustedes —afirma el Señor—, planes de
bienestar y no de calamidad, a fin de darles un
futuro y una esperanza.

¿Cómo se conocieron ustedes dos?

_____

_____

_____

¿Qué te atrajo de tu prometido(a)?

_____

_____

_____

Estos gratos recuerdos los compartirán con otros, una y otra vez. ¡Qué maravilloso es estar enamorado!

Eclesiastés 4:9-12

Más valen dos que uno,
porque obtienen más fruto de su esfuerzo.
Si caen, el uno levanta al otro.
¡Ay del que cae
y no tiene quien lo levante!
Si dos se acuestan juntos,
entrarán en calor;
uno solo ¿cómo va a calentarse?
Uno solo puede ser vencido,
pero dos pueden resistir.
¡La cuerda de tres hilos
no se rompe fácilmente!

El plan de Dios para el matrimonio

El plan de Dios para el matrimonio es maravilloso. Él quiso que este gozo durara toda la vida y, por lo tanto, proveyó instrucciones para que puedas encontrar y mantener este gozo.

Sin embargo, el matrimonio también puede producir un gran dolor. En muchos países, de diez matrimonios, más de cinco terminan en divorcio, la mayoría en los primeros siete años. El dolor del corazón, los sentimientos heridos, el resentimiento, las peleas y los traumas asociados a cada matrimonio roto haría pensarlo dos veces a cualquiera que contemple este compromiso. Haber experimentado a nivel personal el sufrimiento de un matrimonio fracasado puede hacer que uno desarrolle una visión profundamente cínica y crítica de las relaciones entre hombres y mujeres.

Afortunadamente, el matrimonio, pieza central de la creación de Dios, sigue recompensando a quienes siguen su plan. En el matrimonio, al igual que en la construcción de una casa, empezar con todos los materiales adecuados no asegura el éxito. La filosofía "Cuando estás enamorado, deja que la naturaleza siga su curso", aunque es común, rápidamente trae decepción, desilusión y finalmente fracaso. Nadie contrata a alguien para que construya una casa y le dice: "Deja que la naturaleza siga su curso", sino que uno espera que dicha persona siga un plan que cumpla con lo que hemos autorizado. Del mismo modo, aquellos que siguen el plan de Dios pueden construir un matrimonio exitoso que demuestre la sabiduría de Dios y brille como una luz para un mundo que duda de que tales matrimonios existan.

No te dejes engañar. Los matrimonios excelentes no son el resultado de encontrar a alguien adecuado con todas las cualidades que desearías que tenga una pareja, aunque encontrar a la persona adecuada es importante. Tampoco son el resultado de un cuidadoso proceso para llegar a ser pareja, aunque ser compatibles es importante. Los matrimonios excelentes son el resultado del compromiso y del esfuerzo de ambos; no hay atajos. Así que, antes de pronunciar tus votos matrimoniales, trabaja con el material de este libro. Te ayudará a prepararte para casarte.

Finalmente, busquen una pareja madura y espiritual a la que ambos respeten y con la que puedan identificarse. Pídanles que sean los mentores de su relación y puedan pasar tiempo ayudándolos a prepararse para el matrimonio. Lean el material un capítulo a la vez, y completen las preguntas, cada uno por su cuenta. Más tarde, siéntense con su futuro cónyuge y hablen de sus respuestas. A continuación, reúnanse con la pareja mentora que hayan elegido y repasen sus respuestas.

Lee todas las escrituras, contesta completamente todas las preguntas y mantente abierto al cambio. La preparación para el matrimonio forja el carácter, te hace madurar y, en general, te equipa para la vida. Confía en el éxito que Dios promete a quienes siguen su plan. Pon a Dios en el centro de tus planes, confíale tus planes y él hará que tengas éxito.

Proverbios 16:3

Pon en manos del Señor todas tus obras, y tus proyectos se cumplirán.

La selección de tu prometido(a) de vida es una elección crucial. No querrás equivocarte. Los vientos de emoción que acompañan al enamoramiento, aunque son normales, dificultan tu capacidad de pensar con lógica. Pide consejo a personas que te conozcan y que tengan una relación madura con Dios. Encuentra parejas maduras y espirituales que puedan darte los consejos que necesitas para tener éxito. Nunca habrá un momento en tu vida en el que necesites más desesperadamente buenos consejos.

Proverbios 15:22

Cuando falta el consejo, fracasan los planes, cuando abunda el consejo, prosperan.

¿Cuán compatibles somos?

Aunque pueda parecer un poco tarde para analizar la compatibilidad, más vale temprano que tarde. Tómate unos momentos y responde a las siguientes preguntas. Te ayudarán a tener una visión más imparcial de tu relación. Tus respuestas ayudarán a la pareja mentora a ver algunos de los desafíos que ustedes enfrentarán y cómo ellos podrían ayudarlos mejor. Procura estar abierto a los consejos de Dios. Si varias personas espiritualmente maduras te comunican que tienen preocupaciones importantes sobre tu relación, da un paso atrás y considera cuidadosamente lo que digan. Otras personas pueden ayudarte a ser más objetivo. Los sentimientos fuertes, especialmente el amor, pueden cegarnos a los hechos que son obvios para los demás.

¿Por qué quiero casarme con este hombre o esta mujer?

1. _____
2. _____
3. _____
4. _____
5. _____

¿Qué nos hace compatibles? ¿Qué intereses comunes compartimos? ¿Qué nos gusta hacer juntos?

1. _____
2. _____
3. _____
4. _____
5. _____
6. _____
7. _____
8. _____

¿Cómo logra mi futuro cónyuge sacar lo mejor de mí espiritualmente? ¿A través de qué formas él/ella me acerca a Dios? Desde que comencé esta relación, ¿de qué manera he crecido espiritualmente y he madurado como persona?

1. _____
2. _____
3. _____
4. _____
5. _____
6. _____
7. _____

¿Cómo puedo ayudar a sacar lo mejor de mi prometido, espiritualmente y en otros aspectos?

1. _____

2. _____

3. _____

4. _____

5. _____

Individualmente tengo debilidades que se refuerzan cuando estamos juntos. Haz una lista de las que aparecen a continuación.

Solo soy _____ juntos somos _____

Solo soy _____ juntos somos _____

Solo soy _____ juntos somos _____

Solo soy _____ juntos somos _____

Solo soy _____ juntos somos _____

¿Qué ven los demás en mi vida que demuestra que soy mejor y más feliz cuando estamos juntos?

1. _____

2. _____

3. _____

4. _____

5. _____

Proverbios 16:9

*El corazón del hombre traza su rumbo,
pero sus pasos los dirige el Señor.*

Proverbios 19:21

*El corazón humano genera muchos proyectos,
pero al final prevalecen los designios
del Señor.*

1

¿Cuáles son mis expectativas del matrimonio?

Objetivo: Desarrollar expectativas realistas sobre el matrimonio

El amor nunca falla (1 Corintios 13:8)

*El amor jamás se extingue, mientras que el don de profecía cesará,
el de lenguas será silenciado y el de conocimiento desaparecerá.*

Incluso los mejores matrimonios no pueden cumplir las expectativas de un cuento de hadas. Se debe cocinar la comida, lavar los platos, comprar los alimentos y ganarse la vida. Con frecuencia, el compromiso se deberá forjar cuando la manera de él no coincide con la de ella. Hay que resolver los conflictos y los sentimientos heridos. Hay que afrontar las decepciones, los días malos, la enfermedad y, a veces, incluso la tragedia. Estos retos llegan a cada matrimonio, tanto a los buenos como a los malos. Parejas exitosas aprenden a afrontar la vida juntos dándose fuerzas el uno al otro. Tener expectativas realistas, no falsas ilusiones del tipo "fueron felices por siempre", te prepararán para empezar un matrimonio con esperanza, aún con optimismo, mientras afrontas los desafíos del mañana. De esa manera podrás construir un sólido matrimonio que estará lleno de alegría, emoción y satisfacción. La vida con todo lo que traiga puede ser divertida cuando la vives plenamente.

Juan 10:10b

"Yo he venido para que tengan vida, y la tengan en abundancia".

El amor es un compromiso, no solo sentimientos

El amor, tal como mucha gente usa la palabra, generalmente se refiere a que alguien tiene fuertes sentimientos de atracción hacia otro. "Nos enamoramos. Él me dejó boquiabierta; fue amor a primera vista". Un marido que intenta explicar su aventura con otra mujer dice: "No era nuestra *intención* enamorarnos". Estos sentimientos, aunque sean poderosos y conmovedores, no pueden proveer las bases fundamentales para construir una relación, porque cambiarán con el tiempo y, en ocasiones, repentinamente. Estos sentimientos pueden estar dirigidos hoy hacia ti y mañana hacia alguien más.

El amor, como lo usa la Biblia, casi siempre significa compromiso. La palabra griega *ágape,* utilizada en el pasaje sobre el amor, 1 Corintios 13:1-8, comunica decisión y compromiso para hacer las cosas correctas. El amor es paciente y bondadoso, sin envidias, sin jactancia y sin ser orgulloso, grosero o egoísta. No guarda rencor. Estas hermosas palabras describen como cada uno de nosotros queremos ser tratados. Las cualidades del "amor" son difíciles de practicar e incluso pueden parecerte que no son naturales. Realizarlas requiere que niegues constantemente tus instintos, tus deseos naturales, hasta tu propio ser. Este tipo de amor nunca falla.

A Dios le importa el compromiso y los sentimientos

Dios entiende a las personas y entiende el matrimonio. Él sabe sobre sentimientos y compromiso. ¡Él sabe la importancia de ambos! En Marcos 12:30 leemos: "Ama al Señor tu Dios con todo tu corazón, con toda tu alma, con toda tu mente y con todas tus fuerzas". Dios quiere que lo amemos a él con todo nuestro corazón, el centro de nuestra pasión, así como con nuestra inteligencia, nuestra mente, mediante la cual entendemos y hacemos compromisos de largo plazo. Esto entonces nos enseña cómo debemos amarnos el uno al otro.

El compromiso sin los sentimientos no satisface. Los sentimientos sin el compromiso no duran. El plan de Dios es que los esposos y las esposas tengan ambos tipos de amor por su cónyuge: compromiso y deseo por su pareja.

Describe cómo te imaginas que podría ser un típico día en tu matrimonio.

Describe cómo te imaginas que sería un típico día malo en tu matrimonio:

¿Cuál será tu mayor desafío en el matrimonio?

Reflexiona lo que muchas parejas dicen en sus votos durante la ceremonia de matrimonio: "en los días buenos y en los días malos, en la riqueza o en la pobreza, en la salud o en la enfermedad…" ¿Cuáles son las cosas difíciles que podrían suceder en tu matrimonio?

¿Estás listo para cumplir con tus votos? _____

Otros pensamientos, preguntas y reflexiones…

2
Los padres

Objetivo: Ver objetivamente a nuestros padres y sus relaciones tanto positivas como negativas; obtener un mejor entendimiento de mi futura pareja y de mí mismo

Dios provee instrucciones muy específicas sobre el rol de los padres de la nueva pareja. Él repite estas palabras varias veces en la Biblia para ayudarnos a entender la importancia de ellas.

Génesis 2:24 NBLA

Por tanto el hombre dejará a su padre y a su madre y se unirá a su mujer, y serán una sola carne.

Dios simplemente dice que dejas a tus padres; sin embargo, él no se está refiriendo al lugar donde vas a vivir, sino que se refiere a la relación que tienes con tus padres después de casarte. Aunque suena simple, el proceso de dejar a tus padres puede ser algo complicado, hasta para gente que dejó su hogar hace años. No es de sorprender que los padres y familiares son una de las principales fuentes de conflicto en los matrimonios.

De tal palo, tal astilla

Lucas 6:40

"El discípulo no está por encima de su maestro, pero todo el que haya completado su aprendizaje, a lo sumo llega al nivel de su maestro".

Mientras que cada uno de ustedes puede ver algunos rasgos de sí mismo que heredó de sus padres, ninguno de ustedes puede darse cuenta del grado de impacto que sus padres tienen en sus vidas. Muchos fallan en entender las fuertes conexiones que existen entre sus padres y la persona en que se convirtieron. Tus padres biológicos proporcionaron el ADN, todos los rasgos y características asociadas con tu cuerpo. Tus padres, quienes te criaron, determinaron mucho de tu ambiente durante tus años de formación. Casi todos mantienen alguna forma de comunicación con sus padres después de que dejan su hogar. Te guste o no, tus padres tuvieron, y continúan teniendo, un profundo impacto en ti. Es útil lograr entender más este impacto. En un sentido, no sabes a dónde vas hasta que sabes de dónde vienes.

Cada matrimonio trae por lo menos dos modelos en una relación y ninguno de ellos son iguales. Uno es la familia de ella y el otro es la familia de él. Aunque no entiendas el porqué, puedes traer contigo la tendencia a ser como tus padres. Se siente bien hacer lo que ellos hicieron. Cuando los visitas o hablas sobre tus futuros suegros, recuerda que tu pareja trae la tendencia de hacer las cosas que estás viendo o escuchando, así que ten cuidado de cómo utilizas esta información. Cuando veas a tu pareja hacer las cosas que odia de sus padres, nunca digas *ni pienses:* "¡Eres igual que tu papá / mamá!". Es una frase irritante, hiriente y provocadora. Más bien, usa la información para entender las luchas que enfrenta. Aprecia la dificultad que afronta; puedes estar seguro de que enfrentarás tentaciones similares.

¿Cuáles son las fortalezas que observas en tus padres?

Madre	Padre
1.	1.
2.	2.
3.	3.
4.	4.
5.	5.

¿Cuáles son las debilidades que observas en tus padres?

Madre	Padre
1.	1.
2.	2.
3.	3.
4.	4.
5.	5.

¿Cuáles son las fortalezas que observas en los padres de tu pareja?

Madre	Padre
1.	1.
2.	2.
3.	3.
4.	4.
5.	5.

¿Cuáles son las debilidades que observas en los padres de tu pareja?

Madre	Padre
1.	1.
2.	2.
3.	3.
4.	4.
5.	5.

¿Cuáles son las fortalezas y debilidades que observas en el matrimonio de tus padres?

Madre   Padre

1. _____ 1. _____

2. _____ 2. _____

3. _____ 3. _____

4. _____ 4. _____

5. _____ 5. _____

¿Cuáles son las fortalezas y debilidades que observas en el matrimonio de los padres de tu pareja?

Madre   Padre

1. _____ 1. _____

2. _____ 2. _____

3. _____ 3. _____

4. _____ 4. _____

5. _____ 5. _____

Describe la relación que quieres con tus futuros suegros.

_____

_____

_____

Cuáles crees que serán los mayores retos cuando construyes una relación con tus futuros suegros?

_____

_____

_____

¿Cómo planeas construir una buena relación con tus suegros? ¿Qué es lo que piensas hacer para alcanzar tu meta?

_____

_____

_____

_____

Ahora que soy un adulto

Mientras los hijos crecen, los padres deben pasar de ser padres a ser compañeros. Muchos padres nunca hacen esta difícil transición. No respetan la adultez de sus hijos. Algunos son ingenuos, algunos son egoístas, y otros son ambos. Buscan mantener una fuerte influencia parental en sus hijos. Al verse imposibilitados de tan solo decirles lo que deben hacer, estos padres buscan otros medios más sutiles para influir en sus hijos. Los hijos adultos aún siguen teniendo un saludable deseo de complacer a sus padres. De manera consciente o no, algunos padres explotan tal deseo para manipular a sus hijos. Algunos padres intentan controlar a sus hijos buscando compasión y simpatía hacia su "pobre" madre o padre. Otros padres usan ese profundo conocimiento que tienen de las inseguridades de sus hijos para obtener lo que quieren. Y todo esto puede seguir ocurriendo mientras los hijos sigan viendo a sus padres como los más amorosos y atentos del planeta.

Honra y respeta a tus padres. Escucha sus consejos y sabiduría. Habla con otros que respetan la palabra de Dios y la practican. Luego toma tus decisiones. Algunas decisiones que tomarás decepcionarán a tus padres. Ya que tu pareja está antes que tus padres, en algunas ocasiones no podrás complacerlos. Desafortunadamente, esos tiempos serán con frecuencia los días festivos; una pareja no podrá complacer siempre a dos pares de padres.

Los días festivos y ocasiones especiales son importantes para tus padres. Planea con anticipación. Siéntense juntos, solo ustedes dos, y lleguen a un acuerdo sobre cuáles serán los días en que pasarán con los familiares de cada uno. Luego comuniquen su decisión conjunta a sus padres. Busquen desarrollar una manera de compartir los días festivos entre las dos familias que sea lo más justa posible. Muchos padres se sentirán complacidos cuando sepan qué esperar y cuando sepan que ustedes tuvieron en cuenta sus intereses.

Hablando en general, involucrar a tus padres en desacuerdos con tu pareja no será de ayuda. Considerando que la mayoría de los padres no son objetivos, involucrar a tus padres en una discusión sobre las fallas de tu pareja será improductivo y algunas veces, será incluso dañino. Los padres tienden a ponerse de lado de su hijo, y eso no es lo que necesitas cuando tienes un desacuerdo con tu pareja.

Las malas actitudes hacia tus padres o tu familia te dañarán a ti y a tu matrimonio, aun cuando no te percates que estas actitudes existen. Los efectos dañinos pueden ser complicados; algunas veces serán sutiles y otras veces difíciles de identificar sin un entendimiento claro de tu relación con tus padres. Si tienes incluso la más pequeña actitud negativa hacia tus padres, o si otros sospechan que la tienes, por favor, toma un tiempo para explorar lo que sientes y busca ayuda para resolverlo. El futuro de tu matrimonio valdrá la pena tu esfuerzo.

¿Qué tan seguido pasas tiempo o hablas con tus padres? _____

¿Qué sucede ahora cuando le dices no a las exigencias de tus padres? Da un ejemplo.

_____

_____

_____

_____

¿En qué áreas usualmente tus padres te proporcionan consejo?

Madre	Padre
1. _____	1. _____
2. _____	2. _____
3. _____	3. _____
4. _____	4. _____
5. _____	5. _____

¿Le debes dinero a tus padres? _____ Si es así, ¿cuánto? _____

¿Tienes sentimientos de resentimiento hacia tus padres o hacia cualquier miembro de tu familia? ¿Es difícil para ti hablar sobre la relación que tienes con alguien de tu familia? ¿Tienes relaciones tensas con alguien de tu familia? ¿Hay alguien en tu familia que te cause desagrado o antipatía?

_____

_____

_____

_____

_____

_____

_____

_____

Otros pensamientos, preguntas y reflexiones…

3
El corazón del asunto

Objetivo: Aprender a desarrollar las características necesarias en tu relación para un excelente matrimonio

Antes de abordar el tema de la comunicación, demos una mirada a lo central del asunto, ya que tu comunicación refleja lo que está en tu corazón. Si tu corazón está bien, tu comunicación fluirá. Si tu corazón no está bien, ningún ajuste o cambio en tu manera de comunicar podrá arreglarlo.

Mateo 12:34b
"De la abundancia del corazón habla la boca".

La calidad de tu matrimonio depende de una cosa más que de cualquier otra. No es la compatibilidad, el éxito financiero, la buena apariencia, la atracción sexual, la buena salud ¡o incluso cuán enamorados estén! Esta única cosa, más que todas ellas combinadas, determinará el destino de su matrimonio. ¿Qué es esta cosa? Es tu carácter, tu capacidad de ser como Cristo. Y todo tiene que ver con tu corazón.

Ahora es tiempo de preparar tu corazón. Desarrollar los rasgos del carácter de Jesús es lo que permite que Dios bendiga tu matrimonio. Sin estos principios, muchas situaciones que ocurrirán serán como "bombas" o discusiones esperando su turno para estallar. Con el tiempo, cada uno de estos rasgos del carácter de Jesús puede ser alcanzado a un gran nivel. Ninguno de ellos vendrá de manera fácil. No los eludas rápidamente. De lo bien que practiques estas cualidades depende que tu matrimonio se quiebre o se edifique. Estas son como las joyas de la corona en cuanto a las relaciones.

Jesús tenía mucha empatía por los demás

La empatía es la habilidad de ponerse en el lugar del otro, pensar lo que piensa y sentir lo que siente. Jesús sabía hacerlo muy bien. Siempre lograba sintonizar lo que los demás pensaban y sentían. De hecho, dijo que la Ley y los Profetas podían ser resumidos en un solo enunciado: "En todo traten ustedes a los demás tal y como quieren que ellos los traten a ustedes" (Mateo 7:12). Esto no puede llevarse a cabo si uno no se pone en el lugar del otro.

La habilidad de la empatía, que es extremadamente importante para la salud de tu relación, te permite compartir verdaderamente tus alegrías y dolores, además de entender y acercarte a tu pareja. La empatía requiere que te concentres en lo que tu pareja está sintiendo y pensando, lo cual ocurre cuando te pones mentalmente en su lugar.

Veamos algunos de los ejemplos de cómo Jesús tenía empatía por otros:

1. Compasión por la muchedumbre hambrienta (Marcos 8:1-8)
2. Preocupación por su mamá mientras estaba en la cruz (Juan 19:26-27)
3. Solidaridad con la familia de Lázaro (Juan 11:33-36)

Prueba alguna de las siguientes preguntas para ejercitar tu habilidad para empatizar con otra persona. Lee las pistas y usa tu intuición para descifrar lo que la mujer pecadora y Simón están sintiendo y pensando sobre otros en la historia.

Lee Lucas 7:36-39 y piensa en Simón y la mujer pecadora.

¿Qué es lo que la mujer pecadora estaba sintiendo o pensando acerca de los siguientes?

Ella misma _____

Jesús _____

Simón _____

¿Qué es lo que Simón estaba sintiendo o pensando acerca de los siguientes?

Él mismo _____

Jesús _____

La mujer pecadora _____

Escoge algún desacuerdo o una discusión reciente que hayan tenido como pareja. Cuenta los eventos desde el punto de vista de la otra persona (utiliza "mí", "yo" para referirte a ella) enfatizando sus puntos sobre lo que ella sintió que hiciste mal. ¡Sé convincente!

_____

_____

_____

_____

_____

¿En qué áreas tienes luchas para mostrar empatía a tu pareja?

_____

_____

_____

¿En qué áreas tu pareja tiene luchas para mostrar empatía hacia ti?

_____

_____

_____

Reto: "Haré todo lo posible para ponerme en el lugar de mi cónyuge y tratar de entender lo que piensa y siente". Sí _____ No _____

Jesús se humilló a sí mismo

Filipenses 2:6-8

Quien, siendo por naturaleza Dios,
no consideró el ser igual a Dios como algo a qué aferrarse.
Por el contrario, se rebajó voluntariamente,
tomando la naturaleza de siervo
y haciéndose semejante a los seres humanos.
Y, al manifestarse como hombre,
se humilló a sí mismo
y se hizo obediente hasta la muerte,
¡y muerte de cruz!

Jesús fue completamente humilde, hasta en su decisión de venir a la tierra. Nos enseñó cómo ser humildes. Él vino como Dios a la tierra; aun así, nunca dejó de admitir su posición ni hizo alarde de ella (Juan 18:37). Cuando fue confrontado, no estuvo a la defensiva ni contraatacó (Lucas 4:28-30, 20:1-8). Habló con seguridad, pero no como un sabelotodo buscando probar cuán importante era él (Juan 5:19). Cuando recibía elogios, los aceptaba amablemente (Lucas 19:37-40). Cuando corregía a otros, tenía una agenda simple: ayudarlos. Nunca corrigió a los demás con el objetivo de demostrar que él era mejor.

¿Por qué la humildad es tan importante en el matrimonio? Los conflictos son casi imposibles de resolver completamente sin este principio.

Señales de orgullo

- Es una lucha para mí, el ver mis fallas y defectos.
- Se me dificulta admitir los problemas que sí veo en mí mismo.
- Estoy convencido de que los problemas que tú ves en mí son malentendidos y errores de juicio.
- Busco promoverme a mí mismo y tal vez no me doy cuenta de que al hacerlo te menosprecio.
- Busco mostrarte que el problema es tuyo, o por lo menos no mío, al intentar probar que mi conducta fue correcta y justificable, aunque este proceso te lastime profundamente.
- Me gusta creer que soy mejor que lo que con frecuencia aparento a otros.
- Me incomodan los elogios y puede que les reste importancia o mencione de qué forma podría haberlo hecho mucho mejor.

Señales de humildad

- Cuando llamas mi atención hacia un problema, busco entenderlo en toda su extensión.
- Estoy dispuesto a ver mis fallas como defectos sin justificarlos.
- Asumo que soy imperfecto y busco maneras de edificarte.
- Acepto la culpa por la herida que he causado.
- Verte herido me muestra por qué no debí haber dicho o hecho eso.
- Tu percepción sobre mí, me ayuda a entender mis defectos.
- Tus elogios me edifican y expreso mi gratitud por ellos.

Salmo 36:2

Cree que merece alabanza y no halla aborrecible su pecado.

El orgullo y la arrogancia pueden ser difíciles de cambiar. Aquí hay algunas sugerencias para que, con la ayuda de Dios, tengas victorias al respecto:

1. Ora sobre tu pecado y tu deseo de cambiar.

2. Lee escrituras que describen la grandeza de Dios comparada con la tuya (Job 38-39; Romanos 9:19-21).

3. Reflexiona sobre un par de escrituras sobre la humildad (Colosenses 3:12; 1 Pedro 5:5).

4. Entiende que tu valor para Dios no está basado en tus logros (Jeremías 29:11; Mateo 10:29-30).

5. Busca entender la gracia (Efesios 2:8-10; Romanos 8:1-4).

Piensa en por lo menos un ejemplo de Jesús demostrando una respuesta humilde en una situación desafiante.

_____

_____

_____

¿Por qué la humildad es tan importante en el matrimonio?

_____

_____

_____

Considera los siguientes comentarios. Para los dos ejemplos, contesta las preguntas y sugiere una respuesta humilde.

Con voz teñida de reclamo ella dice: "¡Ya nunca salimos! Cuando éramos solteros siempre plane-abas citas interesantes. Me hacías sentir muy especial. Ahora, todo lo que hacemos es alquilar una película o salir por una hamburguesa. Te avergüenzas de mí. Es por eso que nunca salimos. ¿Verdad?"

¿Qué es lo que ella está sintiendo?

_____

¿Qué es lo que ella necesita?

_____

_____

¿Cuál sería una respuesta humilde?

_____

_____

"Tú sabes que tu mamá tiene la tendencia de siempre interrumpir terminando las frases de los demás. Ahora eres tú quien ha empezado a hacerlo todo el tiempo. No puedo decir nada sin que me interrumpas y termines mis pensamientos. No lo vuelvas a hacer otra vez".

¿Qué es lo que él siente?

_____

_____

¿Qué es lo que él necesita?

_____

_____

¿Cuál sería una respuesta humilde?

_____

_____

Discute una situación reciente en la que tú tuviste una respuesta orgullosa. Describe lo que hiciste y lo que habrías hecho si hubieras sido humilde. Si no puedes recordar una ocasión en que fuiste orgulloso, discute cómo demostrar humildad durante una situación reciente.

_____

_____

_____

Reto: "Decido hacer todo lo posible para ser completamente humilde en todas las circunstancias, cuando sea elogiado o criticado, aun cuando al principio no pueda ver la verdad en la crítica".

Sí _____   No _____

Jesús no tenía nada de egoísta

Juan 8:29

El que me envió está conmigo; no me ha dejado solo, porque siempre hago lo que le agrada.

Es interesante que el hecho de no ser egoísta no impidió a Jesús exponer sus necesidades. En Juan 4 pidió tomar agua. Mientras estaba en la cruz, dijo que tenía sed. No ser egoísta no quiere decir que nunca debas decir a los demás lo que necesitas, sino que tiene que ver con cómo actúas cuando tus necesidades no son satisfechas.

Las personas no egoístas puede que pidan lo que necesitan y lo que quieren. Y no se enojan si sus peticiones son negadas. Las personas egoístas tienen exigencias disfrazadas de peticiones. Suenan como peticiones hasta que son negadas. Entonces, por la reacción, es claro que era una exigencia. Los buenos matrimonios deberían estar llenos de peticiones. Esto significa que debes crear un ambiente donde está bien decir no.

Así que, toma la decisión ahora de ser alguien no egoísta. Lee Filipenses 2:1-4. Decide considerar a tu pareja como más importante que tú mismo, y Dios bendecirá tu matrimonio. Al final, tus necesidades serán satisfechas en una medida más grande si confías en Dios y confías en tu pareja para poner sus necesidades por encima de las tuyas.

¿Por qué Jesús pudo ser alguien no egoísta?

¿En qué situaciones te es difícil no ser egoísta y cómo manejas la situación?

¿Cuándo le cuesta a tu pareja ser desinteresada y cómo maneja la situación?

Reto: "Haré todo lo posible para ser alguien no egoísta en todas las situaciones, aún si es difícil y cuando mis necesidades no sean satisfechas". Sí _____ No _____

Jesús aceptaba a la gente tal como era

Aunque Jesús nunca pecó, se ganó ser llamado "amigo de pecadores". Lee las siguientes escrituras: Juan 8:1-11; Lucas 7:36-39; Lucas 5:12-13; Marco 5:1-8. Jesús aceptaba completamente al enfermo, al endemoniado y hasta el pecador flagrante. Esto volvía locos a los fariseos (Lucas 5:30), porque ellos se consideraban mejores que los pecadores (Lucas 18:11). Confundían aceptar a alguien con aprobar sus acciones. Jesús entendía que podía aceptar a la persona misma: podía aceptar a la persona sin aprobar sus acciones. Jesús le dijo a la mujer pecadora: "desde ahora no peques más" mientras la aceptaba con su gracia completamente.

El matrimonio requiere que aceptes totalmente a tu pareja. Dejando a un lado algunos ejemplos de comportamiento extremo como la infidelidad conyugal y el maltrato físico, al casarte te comprometes a aceptar completamente a tu pareja. Quizás te resulte fácil estar de acuerdo con este punto. Has elegido a esta persona porque quieres aceptarla totalmente, al igual que quieres que te acepte completamente a ti.

Cuando empiecen a vivir juntos, sabiendo que planean vivir el resto de su vida como pareja, ten cuidado, porque habrá fallas de tu cónyuge que nunca notaste y que pueden aparecer. Es como mudarse a una casa que pensabas que estaba bien construida y te das cuenta de que está llena de defectos. Cuidadosamente inspeccionaste la casa antes de mudarte, pero nunca viste defectos. Darte cuenta de que tu pareja tiene fallas que nunca habías notado podría asustarte.

Aceptar a tu cónyuge no significa que simplemente tengas que quedarte con él resignadamente en vez de abandonarlo. Aceptar a la gente como Jesús lo hizo empieza en el corazón. Esto quiere decir que puedes aprender a tener contentamiento en las circunstancias aun cuando nunca cambien. Tolerar a tu pareja, pero a la vez estar resentido no funciona. Tu pareja sentirá tu resentimiento y esto hará las cosas peores. Aceptar significa estar cómodo con sus fallas, disculparlas y precisamente ponerlas en la mejor luz, así como haces con tus fallas. Y eso, por cierto, contrariamente a tu intuición, es lo mejor que puedes hacer para ayudar a tu cónyuge a cambiar.

Mujeres: ¿Cómo manejarías la siguiente situación?

Tu esposo critica todo lo que haces. Critica tu ropa, tu cabello, tu maquillaje, tu forma de cocinar, los retratos en la pared, la manera en que arreglaste los muebles, tu cuerpo y la manera en que lo tratas. A pesar de todos los esfuerzos para persuadirlo de que pare, el continúa creyendo que es la manera en que te está ayudando a ser mejor.

Hombres: ¿Cómo manejarías la siguiente situación?

Tu esposa se ha vuelto alguien muy infeliz. Ha ganado 16 kilos y llora intensamente cuando quieres hablar de lo que sea, especialmente de su peso. Cada discusión rápidamente se convierte en una lista de todos tus defectos. Ella se lamenta por tu falta de ánimo, elogios y ayuda en los quehaceres de la casa mientras continúa llorando. Ella describe la manera en que la estás lastimando en términos horribles que tu pensabas que solo eran reservados para descripciones de asesinatos en los noticieros más escandalosos. Ella se siente defraudada por ti y por la vida. A pesar de todos tus esfuerzos para complacerla, nada cambia.

¿Crees que tu pareja pueda distinguir si tú simplemente toleras algo, pero no lo aceptas en tu corazón? ¿Cómo podría saberlo?

¿Por qué es tan importante aceptar a tu pareja en el corazón, tal como es, aun cuando nunca cambie?

¿Cuáles son las cosas que no podrías aceptar de tu pareja?

1.
2.
3.
4.
5.

Cómo puedes mejorar tu habilidad para aceptar los rasgos indeseables de tu pareja.

1. Orar por eso.

2. Mostrar empatía.

3. Ser consciente de sus fortalezas.

4. Ser consciente de tus debilidades.

Reto: "Haré todo lo posible para aceptar genuinamente a mi cónyuge, lo bueno y malo, sus fortalezas y debilidades, completamente". Sí _____ No _____

Jesús perdonaba a las personas por completo

Juan 1:14

Y el Verbo se hizo hombre y habitó entre nosotros. Y hemos contemplado su gloria, la gloria que corresponde al Hijo unigénito del Padre, lleno de gracia y de verdad.

1 Pedro 4:8

Sobre todo, ámense los unos a los otros profundamente, porque el amor cubre multitud de pecados.

Jesús vino a la tierra para enseñarnos cómo vivir. El perdonó tan libremente que Juan lo describe como "lleno de gracia y de verdad". Considera lo que significa ser lleno de gracia, tener una capacidad ilimitada de perdón. A pesar del trato tan duro que recibió, el perdonó libremente a las personas que lo lastimaron. Nunca se enfocó en el mal que le hicieron. Nunca tomó represalias, nunca se resintió, nunca cayó en autocompadecerse, nunca albergó enojo o amargura en su corazón y nunca permitió que el dolor provocado por otros lo llevara a responder duramente.

El matrimonio te presentará muchas oportunidades para perdonar. Tal vez fue por ello que Pedro, el discípulo casado, hizo ese pedido desesperado "¡Aumenta nuestra fe!" en Lucas 17:5 cuando Jesús dijo que perdonáramos a quien siete veces regresa en un día y te dice "Me arrepiento". Tal vez Pedro estaba pensando en aquellas veces en que su esposa lo ofendió y lo difícil que era perdonarla.

Cuanto más cerca estén uno del otro en el matrimonio, más vulnerable te vuelves y más fácilmente te puede herir tu pareja, con frecuencia sin intención. Independientemente de la razón por la que te haya herido, tendrás muchas oportunidades para perdonar.

El perdón renueva tu matrimonio y lo mantiene puro y fresco. Tus sentimientos heridos que se mantienen sin resolver, esos que aún no has perdonado en tu pareja, te volverán alguien amargado y echarán a perder tu matrimonio. Como papas podridas en tu cocina, hasta que sean removidas, afectarán todo a tu alrededor. Aprende a perdonar como lo hizo Jesús, a medida que avanzas, para que tu relación permanezca fresca y viva.

¿Cuál herida crees que fue la más difícil para Jesús de perdonar y por qué?

Jesús perdonó completamente. ¿Cómo afectó esto a su capacidad para tratar de modo apropiado a otros?

¿Cómo puedes saber que has perdonado completamente? ¿Qué pudiera indicar que no has perdonado completamente?

_____

_____

_____

_____

Considera un evento significativo cuando tu prometido te hirió de alguna manera. ¿Lo has perdonado? ¿Qué indicadores te hacen sentir que has o no has perdonado completamente?

_____

_____

_____

Reto: "Haré todo lo posible para perdonar a mi cónyuge completamente, a medida que avanzo".
Sí _____ No _____

Jesús amó incondicionalmente

Averiguamos sobre el amor de Dios en Romanos 8:38-39. La Biblia nos dice que nada puede separarnos del amor de Dios. Sabemos que Jesús nos enseñó quien es Dios manifestado en la carne. Él amaba a todos sin importar cómo lo trataran. Lee Lucas 13:34. Jesús expresa su amor por Jerusalén en términos de una madre que muestra cuidado o interés por sus hijos. Los amaba como a una madre, a pesar de que lo rechazaban.

Como personas, cuando más necesitamos el amor es en nuestro peor momento. Hay situaciones en la vida de todos nosotros en los que nos sentimos frustrados, desanimados o sin fe. El amor, en estos tiempos, nos ayuda a mejorar nuestra actitud y comportamiento. En otras palabras, cuando tu pareja te trate de lo peor, es cuando más necesita tu amor. Por supuesto, es también cuando es más difícil dar amor. Pero solo sucederá si tomas la decisión de amar incondicionalmente, como Jesús amaba, aun cuando te sientas rechazado o herido.

Da tres ejemplos, que no estén mencionados arriba, que demuestren el amor incondicional de Jesús.

1. _____

2. _____

3. _____

¿En qué situaciones o áreas eres tentado a amar a tu pareja condicionalmente?

_____

_____

¿En qué situaciones o áreas te sientes amado condicionalmente por tu pareja?

_____

_____

Reto: "Haré todo lo posible por hacer lo que sea mejor para mi cónyuge en todas las situaciones, para amarlo incondicionalmente".   Sí _____   No _____

Jesús sabía en qué pensar

Filipenses 4:8

Por último, hermanos, consideren bien todo lo verdadero, todo lo respetable, todo lo justo, todo lo puro, todo lo amable, todo lo digno de admiración, en fin, todo lo que sea excelente o merezca elogio.

Tal vez la lección más grande que puedas aprender de Jesús es cómo pensar. Pablo nos dice en Filipenses que tengamos una actitud como la de Cristo. La palabra "actitud" significa literalmente "ejercitar tu mente". En otras palabras, necesitas aprender a pensar como Jesús. Él reprendió a Pedro usando esta misma palabra griega en Mateo 16:23 al decirle que estaba pensando de una manera equivocada, ejercitando su mente de acuerdo con Satanás y no para Dios.

Estando en la cruz, Jesús demostró con gran poder cómo debes usar tu mente. Una de sus siete declaraciones que fueron registradas nos da luces para comprender cómo pensaba: "Padre —dijo Jesús— perdónalos, porque no saben lo que hacen" (Lucas 23:34). La última mitad de su enunciado parece extraño si lo piensas bien: Jesús se puso en el lugar de la gente que abusaba de él y buscaba razones que explicaran su comportamiento. Perdonar a las personas que actúan por ignorancia es más fácil que perdonar a personas que simplemente buscan atacarte. Tratar de pensar desde la perspectiva de aquellos que te lastiman te ayuda a perdonarlos. Tu matrimonio probará tu forma de pensar. Piensa las cosas correctas, y Dios te bendecirá más allá de tu imaginación. Permite que tu mente se enfoque en cosas malas, y tu matrimonio se volverá mucho menos satisfactorio y mucho más desafiante de lo que pensabas que sería. En Proverbios 23:7 (RVA) leemos: "Porque cuál es su pensamiento en su alma, tal es él". Así como piensas en tu corazón, así será tu matrimonio. Reflexiona en estos pensamientos como recomendaciones para las siguientes situaciones:

Cuando te levantes por la mañana
- Estoy agradecido por mi pareja.
- ¿Qué necesita él/ella de mí hoy?
- ¿Cómo puedo edificarlo(a)?
- ¿Cómo puedo expresarle afecto de manera que comunique mi amor?

Cuando se separen durante el día
- ¿Qué es lo que él/ella está haciendo hoy? ¿Es hoy un día especial?
- ¿Cuándo le podría hablar hoy?
- ¿Cómo puedo animarlo en sus tareas?
- ¿Sabrá a qué hora esperarme en casa?
- ¿Cuáles son nuestros planes para la tarde?

- ¿Hay alguna información que necesito comunicarle?
- ¿Necesito algo de mi cónyuge hoy?
- Planea darle un abrazo y besarlo cuando te vayas.

Cuando estás regresando a casa

- ¿Qué es lo que él/ella ha estado haciendo hoy?
- ¿Qué es lo que estará haciendo cuando llegue a casa?
- ¿Qué es lo que necesitará que yo haga?
- Imagina cómo le darás un caluroso saludo al llegar.

Cuando llegues a casa

- ¿Cómo puedo saludarlo cariñosamente y expresarle afecto?
- ¿Qué es lo que está sintiendo? ¿Cómo fue su día?
- ¿Cómo puedo ayudar?
- ¿Qué noticias puedo compartir?

Cuando te alistas para ir a la cama

- ¿Cómo puedo expresar afecto (dar un masaje de espalda o pies, abrazarse el uno al otro)?
- ¿Será un buen momento para hacer el amor?
- ¿Cómo puedo edificarlo?
- Expresa lo que tu cónyuge significa para ti.

Cuando tu cónyuge exprese que tiene sentimientos heridos

- ¿Qué hice para causar o ser responsable de que se sienta herido?
- ¿Por qué se siente así; cómo se conecta con lo que hice?
- ¿Cómo le afecta el dolor?
- ¿Entiendo ahora por qué está dolido?
- Expresa lo que escuchaste desde el punto de vista de tu pareja, pero con tus palabras, siendo cuidadoso de no minimizar.

Cuando tu cónyuge se sienta deprimido

- ¿Qué es lo que siente y por qué?
- ¿Cómo puedo ayudarlo a hablar sobre sus sentimientos sin ofrecerle una solución rápida y sin criticar, escuchando únicamente para entender lo que siente y por qué?

Cuando tú te sientes herido

- ¿Puedo perdonarlo por esto?
- En otras palabras, ¿puedo soltar esto, para no hablar o pensar otra vez al respecto?
- Si no, ¿cuándo debo hablar sobre mis sentimientos heridos?
- ¿Hay otros factores que contribuyan a la manera en que me siento (un mal día, sentirme enfermo, dolor causado por otra persona o decepción sobre mí mismo)?
- No fue su intención herirme de esta manera. Asumiendo que eso sea cierto, ¿cómo pudo haber ocurrido que me hiriera?
- ¿Puedo pensar en una situación similar en la cual yo he causado el mismo mal?

Algunos de estos pensamientos pudieran parecer extraños o incluso equivocados para ti. Si es así, no utilices esa razón para ignorar esta manera de pensar. Comparte cómo te sientes, habla al respecto. Tener un pensamiento no egoísta y expresarlo en estas situaciones, con frecuencia te podrá parecer anormal, incluso injusto. Es muy interesante que todos queremos ser tratados de manera no egoísta; eso nos atrae y hasta se ve bien cuando lo recibimos. Pensar y comportarse de manera no egoísta, la llave para un exitoso matrimonio y una exitosa relación, ocurrirá cuando decidas ser como Jesús con convicción y determinación.

Ya que nadie sabe con exactitud qué es lo que piensas, ¿por qué es tan importante lo que piensas? (Pista: En Mateo 12:34, Jesús dijo: "De la abundancia del corazón habla la boca").

_____

_____

Considera la siguiente situación: Acabas de expresar cómo te hirió tu pareja. En respuesta, te vuelve a atacar con enojo. ¿Qué pensamientos serían de ayuda para ti mientras respondes?

_____

_____

Reto: "He decidido mostrar empatía, humildad, actitud no egoísta, tolerancia, perdón y amor incondicional a mi futuro cónyuge de la manera como Jesús lo mostró a los demás y pensar de la forma como Jesús hubiera pensado en esta relación".

Si estás de acuerdo, pon tu firma aquí: _____

Califica tu progreso

Califícate a ti y a tu pareja en su capacidad para poner en práctica lo siguiente (1 = bajo, 10 = excelente)

Tú		**Tu pareja**	
Empatía	_____	Empatía	_____
Humildad	_____	Humildad	_____
No egoísmo	_____	No egoísmo	_____
Aceptación	_____	Aceptación	_____
Perdón	_____	Perdón	_____
Amor incondicional	_____	Amor incondicional	_____
Pensar como Jesús	_____	Pensar como Jesús	_____

Otros pensamientos, preguntas y reflexiones...

4
La comunicación

La buena comunicación en un matrimonio es como agua para una planta. Aunque una planta puede sobrevivir por un tiempo sin agua, con el tiempo morirá. Con el pasar del tiempo, te puedes dar cuenta si a una planta le falta agua. Será frondosa y verde, o estará marchita y seca. Esto mismo ocurre con el matrimonio. Con el tiempo, el matrimonio refleja la calidad de su comunicación.

La buena conversación en la pareja empieza hablando sobre las actividades que harán en el día y continúa a un nivel más profundo: hablando de lo que piensan, cómo se sienten, y por qué piensan y se sienten así. ¿Cuál es la calidad de comunicación que quieres en tu matrimonio? ¿Cuáles son tus metas? ¿Cómo llegarás ahí? ¿Qué requerirá de ti para lograrlo? ¿Estás dispuesto a cambiar tus hábitos para conseguir tu meta?

Aprende a escuchar

Santiago 1:19
Mis queridos hermanos, tengan presente esto: Todos deben estar listos para escuchar,
y ser lentos para hablar y para enojarse.

Lo bien que escuches determina lo bien que te comunicas. Si bien todos escuchamos algo todos los días, pocos lo hacen bien. Un buen oyente hace sentir a su pareja escuchada, amada, respetada y valorada. Antes de juzgar cuán bien escuchas, considera los siguientes aspectos básicos para escuchar. Hazte un favor: aprende a escuchar. El nivel de intimidad que compartes con tu pareja estará determinado en gran medida por lo bien que escuches.

1. **Lleva una actitud correcta** – Ocupa un segundo plano y más bien concéntrate en la persona que habla.
2. **Pon tu entera atención** – Involúcrate de lleno e interactúa; haz contacto visual. Muestra interés.
3. **Estimúlale a hablar** – Aprende cuáles son las palabras que lo animan a hablar más.

Proverbios 20:5
Los pensamientos humanos son aguas profundas; el que es inteligente los capta fácilmente.

4. **Entiende su razonamiento** – Sé capaz de defender su postura, de manera convincente frente a alguien más.
5. **Siente lo que siente** – Nota el tono, entonación y lenguaje corporal. ¿Qué es lo que está sintiendo?
6. **Comparte lo que oíste con tus propias palabras** – Una buena comunicación requiere retroalimentación con tus propias palabras.
7. **Deja que el Espíritu te guíe** – Sé sensible a donde él te guíe; te ayudará a escuchar.

Por qué no escuchamos

El mundo de hoy, lleno de vidas ocupadas, establece estándares muy bajos para escuchar. Creemos que algunas situaciones justifican que no escuchemos. Nos enfocamos en una tarea o un problema hasta abstraernos de todo lo demás que nos rodea. Nos agotamos hasta el punto de que pensamos que nuestros cerebros se han convertido en papilla y son incapaces de escuchar. Sentimos que hemos trabajado lo suficiente en el día, por lo que al final de este, nos alistamos únicamente para entretenernos con la TV o una película. Y la lista sigue y sigue. Incluso cuando oímos las palabras que se dicen, con frecuencia, en verdad no escuchamos. Considera los siguientes obstáculos que nos impiden ser un buen oyente, y piensa en cómo superarlos.

1. **No me interesa** – No tengo ningún interés en lo que dices.

2. **Me distraigo fácilmente** – Dices algo que me hizo pensar en otra cosa.

3. **Es mi turno para hablar** – Tengo cosas más valiosas que compartir que lo que tú estás diciendo.

4. **No estoy de acuerdo** – Cuando cometes un error, estoy listo para corregirlo con hechos convincentes, datos y argumentos. Disfruto cuando tengo una buena discusión pues me ayuda a aprender y comunicarme.

5. **El taller de reparaciones** – Escucho porque sé cómo ayudar. Te puedo decir cómo solucionar tu problema.

6. **Juez y jurado** – Cada conversación es una oportunidad que tengo para juzgar lo que tu hiciste o dijiste.

¿Cuál de estos obstáculos para escuchar bien te tienta más? ¿Con qué frecuencia?

_____

_____

¿Cuál de estos obstáculos para escuchar bien es el que más tienta a tu futuro cónyuge? ¿Con qué frecuencia?

_____

_____

Lee la siguiente historia y subraya lo que él hizo bien. Aunque la historia se ha escrito sobre un hombre escuchando a una mujer, se aplica en ambos sentidos.

Su amigo en el teléfono lo hizo reír de nuevo, justo cuando su esposa entró en la casa. Observó el rostro tenso de ella, su mirada de furia y sus pasos firmes pero rápidos. Claramente, ella estaba molesta cuando regresaba de la casa de su madre. Él terminó la llamada telefónica, perdió la sonrisa de su rostro, y esperó pacientemente a que ella hablara. A pesar de que él quería decirle sobre el premio que recibió hoy en el trabajo, decidió que no era un buen momento. Empezó a pensar en lo que podría haber sucedido entre ella y su madre. Él recordó su reciente decisión de pasar su cumpleaños en casa en lugar de ir a ver a sus padres como siempre lo había hecho en el pasado.

Él se sentó solemnemente durante un par de minutos esperando a que ella hablara. Luego dijo: "¿Qué pasó?"

Ella dijo: "No quiero hablar al respecto".

"¿Está tu mamá molesta?", él preguntó.

"Ella me hace sentir tan furiosa. Ella todavía piensa que tengo cinco años", continuó. Habló durante los próximos cinco minutos, deteniéndose solo para recibir una respuesta ocasional de él: "Oh", "Hmm", "¿De veras?", "Eso debe haber sido duro".

Él resistió las ganas de señalarle dónde ella se había equivocado y de proponerle otro punto de vista. Antes de terminar de hablar, ella empezó a sentirse mal por la forma en que había tratado a su madre. Dijo: "Debe ser difícil para mi mamá perderse mi cumpleaños por primera vez. Voy a llamarla y disculparme. Cariño, has sido de gran ayuda. Gracias".

"De nada", fue todo lo que dijo antes de decirle su buena noticia.

¿Qué se puede aprender del hombre de la historia?

_____

_____

_____

Las parejas necesitan hablar

¿Cuál es el propósito de hablar en tu matrimonio? ¿Qué es lo que esperas lograr?

1. _____	5. _____
2. _____	6. _____
3. _____	7. _____
4. _____	8. _____

Las parejas casadas necesitan hablar, partiendo con una sencilla charla. La sencilla charla juega un papel importante en la comunicación. Al igual que los calentamientos antes del ejercicio, una conversación ligera ayuda a una pareja a pasar a temas más profundos. Todo el mundo puede aprender a hacer esto, pero algunas parejas necesitan más ayuda que otras. Interactuar con otra pareja puede ser útil. Observa la forma en que se comunican entre sí, y pregúntales cómo se puede mejorar la conversación entre ustedes. No expresen ninguna emoción fuerte y no aborden ningún tema difícil, simplemente charlen.

Mantén la charla ligera e informativa. Piensa en veinte minutos al día como mínimo. Lucha por ese momento. Utiliza el teléfono si esa es la única manera de hacer que suceda. Incluso cuando viajas fuera de la ciudad, se puede hablar por teléfono celular o de larga distancia para mantenerse mutuamente informados. Mira un ejemplo de los temas sugeridos para charlar a continuación.

Por la mañana (desayuno)

- ¿Cuáles son tus planes para el día?
- ¿Cuáles son tus planes para esta noche?
- ¿Tienes eventos importantes el día de hoy?
- (Eventos actuales) ¿Qué te parece?
- ¿Cuándo vas a volver a casa?
- ¿Qué es lo que quieres o necesitas de mí hoy?
- ¿Qué es lo que quiero o necesito de ti?

Cena

- ¿Cómo estuvo tu día, qué pasó?
- ¿Qué hice el día de hoy?
- ¿Tuviste alguna conversación significativa?
- ¿La tuve yo?
- ¿Hubo alguna sorpresa?
- ¿Cuáles son los planes para la noche?
- ¿Qué es lo que quieres o necesitas de mí?

Espiritual

- Comparte un pensamiento de tu tiempo con Dios.

Espiritual

- Comparte sobre las tentaciones que tuviste hoy.

Profundiza: Comparte tus sentimientos

Uno de los aspectos más emocionantes del matrimonio es la oportunidad de conocer y ser completamente conocido por otra persona. Dios nos mostró el modelo para tener grandes relaciones. Él nos conoce, y quiere que lo conozcamos (Juan 15:14; Hechos 17:27). Esto no sucede por accidente. Conocer requiere curiosidad, investigación y el interés de recordar y asimilar lo conocido. Ser conocido requiere la voluntad para revelarse a otro, para decirle todo sobre ti, incluyendo cómo piensas y cómo te sientes. Debido a que otras personas en su pasado pueden haber utilizado esta información para hacer daño, a muchos les resulta difícil revelar su ser interior, incluso a su pareja. Algunos pueden temer que su pareja podría huir si conocieran las desagradables verdades que lo mantienen encerrado en su interior. Sin embargo, con el tiempo, aprendemos a compartir nuestros sentimientos más íntimos.

Génesis 2:24 NBLA

Por tanto, el hombre dejará a su padre y a su madre y se unirá a su mujer, y serán una sola carne.

Convertirse en una sola carne significa que, en el matrimonio, ustedes se comprometen a compartir todo. A pesar de que esto puede parecer fácil, a la mayoría de las parejas les resulta difícil. No te desanimes si los intentos de practicarlo no cumplen tus expectativas. Este proceso toma tiempo. Abre tu corazón a tu pareja. Aprende a compartir lo que piensas y sientes acerca de todo. Si tienes problemas para compartir lo que sientes hacia tu pareja, empieza por compartir lo que sientes por otras cosas.

Todas las personas experimentan sentimientos, pero la forma en que manejan sus sentimientos varía ampliamente. Con respecto al entendimiento de lo que sienten, muchos hombres y mujeres entran en el matrimonio con diferentes niveles; las mujeres por lo general entienden mejor sus sentimientos. Considera los siguientes ejemplos.

"¿Cómo te sientes?", ella dijo, con la esperanza de encontrar más información acerca de sus pensamientos sobre el tema.

"Bien", su esposo respondió de manera inexpresiva, sin revelarle nada a ella. Él no podía entender esa preocupación de siempre que tenía ella por saber cómo se sentía.

"¿Por qué no me dejas entrar a ver tu interior? Siempre me alejas", dijo ella, ahora molesta y con dolor.

Él pensó: Las mujeres no fueron creadas para ser entendidas.

¿Qué podría haber dicho o hecho la esposa que pudiera haber sido más útil?

_____

_____

_____

Ella dijo: "No me siento bien con esto", mientras nerviosamente daba un vistazo al hotel del centro.

"¿Por qué?", le preguntó, buscando una explicación válida por su duda, siendo especialmente consciente del tiempo y el dinero que ya habían invertido en estas vacaciones.

"No sé, pero no me siento bien sobre esto", ella repitió, esta vez con una convicción mucho más fuerte.

"A veces me gustaría que te guardaras tus sentimientos para ti misma", dijo él, mientras sopesaba qué hacer a continuación. Sintió que su dinero se había desperdiciado y sus planes para el fin de semana especial se habían arruinado.

¿Qué podría haberle dicho el esposo que pudiera haber sido más útil?

_____

_____

_____

En general, los hombres y las mujeres procesan los sentimientos de forma diferente, como se puede ver en los ejemplos anteriores. Las mujeres, con frecuencia, tienen problemas para entender por qué los hombres son tan renuentes a compartir sus sentimientos, y los hombres, con frecuencia, no pueden entender por qué las mujeres quieren hablar de sus sentimientos. Se necesita tiempo para desarrollar nuestra capacidad para comunicar nuestros sentimientos para que podamos entendernos. En el siguiente ejercicio, permítele a tu mente hacer asociaciones libres mientras reflexionas en cómo te sientes acerca de diferentes cosas. Este ejercicio será algo sin importancia para algunos y desafiante para otros. Aprende el lenguaje de los sentimientos y abre tu corazón (2 Corintios 6:11-13).

Algunas palabras usadas para comunicar sentimientos

Feliz	Triste	Decepcionado	Enojado	Dolido	Avergonzado
Molesto	Preocupado	Emocionado	Ansioso	Abrumado	Confundido
Orgulloso	Cercano	Apático	Deprimido	Arrepentido	Vacío
Satisfecho	Conforme	Seguro	Asustado	Atacado	Infeliz
Entusiasmado	Aburrido	Desafiado	Agradecido	Aterrorizado	Contrariado

Elige la palabra que mejor describe cómo te sientes acerca de las siguientes áreas:

_____ Mi trabajo

_____ Mi relación con Dios

      Nuestros planes para la boda

      Mi relación con mi padre

      Mi capacidad de ser un buen esposo(a)

      Nuestra economía nacional

      Ver la TV

      Mi relación con mi madre

      Lo que he logrado en mi vida

      El carro que conduzco

      Donde vivo o viviré

      Mi educación

      La pena de muerte

      Mi infancia

Los sentimientos no siempre son racionales o razonables, pero son reales. No malgastes tiempo discutiendo sobre sentimientos o juzgando los sentimientos. No digas: "No deberías sentirte así" o "No es correcto sentirse de esa manera" o "No creo que sea así cómo te sientes". Escucha, intenta entender y aceptar los sentimientos expresados. Haz de su hogar un lugar seguro donde los corazones pueden abrirse sin el temor al ataque u opiniones humillantes.

Tono de voz y lenguaje corporal

Intenta el siguiente ejercicio con un amigo (no con tu futuro cónyuge). Di la siguiente frase tres veces: "Me encantaría ir contigo", pero cada vez transmitiendo un mensaje diferente a través de tu tono de voz y lenguaje corporal. Pídele tratar de determinar lo que intentaste comunicar y escribir sus respuestas.

Palabras	**Mensaje implícito**	**Mensaje recibido**
1. Me encantaría ir contigo.	Esa es la última cosa en la tierra que quiero hacer.	
2. Me encantaría ir contigo.	No puedo esperar para ir contigo.	
3. Me encantaría ir contigo.	Iré, pero no estoy seguro de tener el tiempo.	

¿Con qué exactitud recibió tu amigo el mensaje implícito?

Busca comunicar con palabras en lugar de hacerlo con el tono de voz y el lenguaje corporal. Las palabras proporcionan la manera más eficaz para navegar las turbulencias emocionales de la vida. Con la práctica se puede usar palabras para guiar tu rumbo en cuanto a incorporar o sacar temas muy tensos sin hundir el barco. Al tono de voz y al lenguaje corporal les falta la precisión y, con frecuencia, transmiten mensajes erróneos y confusos.

¿Por qué el lenguaje corporal no es la forma preferida para transmitir un mensaje?

_____

_____

_____

Ten en cuenta que te comunicas de dos maneras: lo que dices y cómo lo dices. En el ejercicio anterior, se puede ver que la forma en que decimos algo pesa más que lo que decimos. Cómo lo dices también tiene dos maneras: lo que haces con tu voz (tono) y lo que haces con tu cuerpo (lenguaje corporal). Cómo dices lo que dices es importantes, pues ofrece una ventana a tu corazón y a lo que estás sintiendo.

Mateo 12:34b
De la abundancia del corazón habla la boca.

Debido a que tu corazón se mostrará en tu tono y tu lenguaje corporal, ¡corrige a tu corazón! No subestimes la importancia de lo que piensas y lo que sientes sobre un tema. Por mucho que intentes, nunca podrás mantenerlo totalmente oculto.

¿Por qué el lenguaje corporal es importante cuando hablas con tu pareja?

_____

_____

_____

Aprende cómo reaccionar

Desde muy temprana edad, aprendimos a preguntar: "¿Quién empezó el problema?". La parte culpable siempre recibe el castigo más severo, y la víctima recibe más gracia, o al menos un castigo más leve. Este principio a veces puede ayudar a resolver los conflictos entre los niños. Sin embargo, en el matrimonio, con frecuencia se utiliza para justificar o poner excusas ante el comportamiento vengativo entre adultos. ¿Y en verdad saben quién lo empezó? Ten en cuenta la siguiente historia.

En su prisa por salir a jugar, un niño larguirucho de cinco años, sin quererlo, derriba a un compañero más pequeño, produciendo raspaduras en ambas rodillas. El pequeño niño, herido, salta y patea a su desprevenido atacante en la pierna, produciéndole un gran hematoma. Inmediatamente el niño de cinco años empuja al más pequeño, aventándolo al barro. Cuando se les pregunta quién inició la pelea, cada uno señala al otro, creyendo con todo su corazón que el otro había iniciado la pelea.

¿Qué puedes aprender de esta historia acerca de cómo reaccionar frente a tu pareja?

_____

_____

_____

_____

Esta historia ilustra cómo empiezan generalmente las peleas y discusiones. Los malentendidos, los accidentes y las circunstancias intempestivas configuran a menudo el primer paso de un conflicto. Nuestra reacción lo intensifica, a veces incluso llega a crear el conflicto. Debido a que culpamos de todo a la parte infractora, podemos sentirnos totalmente justificados mientras verbalmente damos un golpe tras otro con el propósito de hacer daño. La reacción, o más acertadamente, las represalias, casi siempre causan más dolor que la primera ofensa. Además, las represalias intensifican el conflicto, lo que aumenta el peligro y el riesgo. Una respuesta espiritual detiene el conflicto.

Santiago 1:19-20

Mis queridos hermanos, tengan presente esto: Todos deben estar listos para escuchar, y ser lentos para hablar y para enojarse; pues la ira humana no produce la vida justa que Dios quiere.

Lento para hablar y lento para enojarse significan lento para reaccionar. Sé rápido para escuchar. Estate dispuesto a descubrir y entender la razón por la que te sientes atacado. Antes de que adoptes esa idea generalizada que cree "lo que pasa es que él/ella quería hacerme daño", piensa más profundo. Dale al ofensor el beneficio de la duda. Sé rápido para pasar por alto las ofensas que aparecen en tu camino y aprende a perdonar rápidamente. Deja la venganza a Dios, el único juez preciso. Cuida tu corazón, tu espíritu y tus reacciones. Ten la voluntad de aceptar la responsabilidad por el daño que has causado con tu reacción. No justifiques lo que haces por lo que te hicieron.

¿Por qué es importante ser lento para reaccionar? En general, ¿qué tan rápido reaccionas?

_____

_____

_____

_____

Piensa antes de actuar. Haz lo que sea, incluso si esto significa contar hasta 10 o hasta 100. Las reacciones no son como reflejos; tú puedes elegir tu reacción, y esta se encuentra entre lo que te pasa y lo que haces.

Lo que te pasa $\longrightarrow$ | Tu elección | $\longrightarrow$ Lo que haces

Otros pensamientos, preguntas y reflexiones…

5
Cómo tomar decisiones

Objetivo: Aprender a tomar decisiones con mi cónyuge que sean mutuamente satisfactorias

Decisiones, decisiones: ¿cuántas hay que tomar? Cuando eres tú solo quien tomas las decisiones, difícilmente te das cuenta. Cuando las decisiones involucran a dos personas con diferentes intereses, se convierten no solo en más perceptibles, sino que también se vuelven desafiantes. Al principio, antes de que establezcas algunas pautas para hacerlo, aun si trata de la más pequeña decisión, puede que te tome un tiempo considerable resolverlo. Una conversación sobre toma de decisiones que ha llegado a una conclusión exitosa significa que tú y tu pareja se sienten bien respecto (1) el uno del otro y (2) sobre el resultado de la decisión tomada o por tomar más tarde.

Lista de decisiones para considerar

Asuntos domésticos

¿A qué hora levantarse?

¿A qué hora acostarse?

¿Cuándo comer las comidas?

¿Qué comida comprar, cocinar y comer?

¿Quién cocina, limpia, tira la basura y da mantenimiento a la casa?

¿Cómo decorar?

¿Cómo programar actividades?

¿Cómo seleccionar muebles?

¿Hasta qué punto mantener la casa limpia y ordenada?

¿Recibir visitas? ¿Cuándo?

¿Dónde vivir?

Familia

¿Dónde pasar la Navidad?

¿Dónde pasar los feriados de Semana Santa?

¿Cuándo llamar?

¿Las visitas deben ser aquí o allá? ¿Por cuánto tiempo?

¿Eventos especiales?

¿Regalos?

Trabajo

¿Continuar en el mismo trabajo?

¿Número de horas a trabajar?

¿Cantidad de viajes?

¿El impacto sobre la familia?

¿Socializar con amistades del trabajo?

¿Realización del potencial profesional?

¿Suficiente dinero?

Entretenimiento

¿Citas especiales? ¿Cuándo?

¿Actividades juntos, separados? ¿Cuándo?

¿Pasatiempos (*hobbies*)? ¿Cuánto tiempo?

¿Mascotas? ¿De qué tipo? ¿Cuántas?

¿Cuáles películas? ¿Programas de TV?

¿Deportes?

¿Leer libros? ¿Cuándo?

Dinero

¿Presupuesto? ¿Revisiones regulares?

¿Máxima compra individual?

¿Poder de veto? ¿Cómo funciona?

¿Regalos? ¿Cuánto?

¿Carros, casa, mantenimiento?

¿Inversiones? ¿Cómo decidir? ¿Revisiones?

¿Entretenimiento? ¿Cuánto?

Religión/Iglesia

¿En qué actividades involucrarse?

¿Moralidad en las decisiones y actividades?

¿Cuánto contribuir?

Para muchos de nosotros, interactuar con nuestra familia y amigos nos ha enseñado formas equivocadas de tomar decisiones. Muy a menudo, las sesiones de toma de decisiones involucran manipulación, intimidación, egoísmo, arrogancia, gritos, llorar con lágrimas falsas y un bloqueo total de las emociones. ¿Se harán a la manera de ella, de él o de ninguno?

Las conversaciones buenas sobre tomar decisiones dejan a ambos sintiéndose valorados y respetados. Aun cuando no obtengas lo que quieres, puedes sentirte bien sobre la decisión porque sabes la razón por la cual hiciste un sacrificio *voluntariamente*. En cambio, las conversaciones mal llevadas los dejarán ansiosos, inseguros, sintiéndose culpables o incluso usados. Aun cuando obtengas lo que quieres, puedes no sentirte bien sobre ello.

¿Qué describe mejor tu tendencia?

____ Opto por callarme en las discusiones.

____ Cedo en vez de discutir (pelear).

____ Cederé si tú también cedes.

____ Busco convencerte de lo que quiero.

¿Qué describe mejor la tendencia de tu pareja?

____ Opta por callarse en las discusiones.

____ Cede en vez de discutir (pelear).

____ Cederá si yo cedo.

____ Busca convencerme de lo que quiere.

Especifica un tiempo cuando:

Cediste frente a tu futura pareja _____

Tu futura pareja cedió _____

Hiciste concesiones _____

No se podía discutir con tu futura pareja _____

La toma de decisiones eficaz requiere un proceso de 3D: Descubrimiento, Discusión y Decisión. El primer paso te permite obtener la información que necesitas para tomar la decisión. El segundo paso provee una oportunidad para cada uno de reaccionar hacia lo que el otro quiere y necesita. El último paso, por supuesto, es cuando ambos toman la decisión.

La fase de descubrimiento

La toma de decisiones incluye los siguientes hechos para cada persona:

1. ¿Cuál es la pregunta, la decisión que se debe tomar? Haz una aclaración del problema.
2. ¿Qué es lo que cada uno quiere? Esto debe ser claro, con total honestidad.
3. ¿Por qué lo quieres? Explica el por qué, no lo asumas.
4. ¿Qué tan fuerte te importa el resultado? ¿Cuánto importa? ¿Cómo te impacta?

Contesta las siguientes preguntas por tu cuenta para tomar seis decisiones importantes:

1. ¿A qué hora ustedes dos irán a dormir?

Hora _____

¿Por qué? _____

¿Qué tanto te importa (1-Ninguno, 10-Mucho)

2. ¿A qué hora ustedes dos despertarán?

Hora _____

¿Por qué? _____

¿Qué tanto te importa (1-Ninguno, 10-Mucho)

3. ¿Quién sacará la basura?

¿Quién? _____

¿Por qué? _____

¿Qué tanto te importa (1-Ninguno, 10-Mucho)

4. ¿El máximo para una compra individual no planeada?

Monto _____

¿Por qué? _____

¿Qué tanto te importa (1-Ninguno, 10-Mucho)

5. ¿Dónde pasarán la Navidad?

¿Dónde? _____

¿Por qué? _____

¿Qué tanto te importa (1-Ninguno, 10-Mucho)

6. ¿Dónde pasaran los feriados de Santa Semana?

¿Dónde? _____

¿Por qué? _____

¿Qué tanto te importa (1-Ninguno, 10-Mucho)

Trampas y obstáculos durante la fase de descubrimiento

1. Reaccionar negativamente a lo que quiere tu pareja, incluso con lenguaje corporal
2. Pedir más de lo que quieres para tener un "poder de negociación" adicional
3. No compartir lo que quieres por miedo al rechazo
4. Sentir que el pedido de tu pareja no puede ser denegado
5. Pasar tiempo tratando de averiguar cómo obtendrás lo que quieres

Cuando discutimos una decisión, mi prometido(a) sabe lo que quiero:

Siempre _____ Casi siempre _____ Usualmente _____ A veces _____ Rara vez _____ Nunca _____

La fase de discusión

Una vez que tienes la información, estás listo para discutir el asunto. Lee Amós 3:3, 1 Corintios 1:10 y Filipenses 2:1-4 y acude a ellos seguido. Haz del acuerdo la meta. Acordar significa simplemente que ambos se ponen de acuerdo en que la decisión resultante es la mejor para ambos en ese momento. No quiere decir que ustedes tengan la misma lógica, razonamiento o juicio moral.

Para algunos, la fase de discusión es una oportunidad de probar que lo que quieren es la única conclusión que una persona moral con sentido común haría. Este pensamiento es arrogante y tonto. No solo pides a tu cónyuge que haga lo que tú quieres, sino que también le pides que esté de acuerdo con tu lógica, razonamiento y exacto juicio moral. Al final, este comportamiento busca evitar lo que es esencial en la toma de decisiones, al básicamente decir lo que quieres y pedir al otro que se someta a tus deseos.

Las decisiones sobre de qué color pintar el cuarto, donde poner los muebles y considerar cuántas veces se debe comer al día no son decisiones morales. Ten cuidado de convertir la materia de tus opiniones en discusiones morales, éticas o lógicas. La Biblia no nos dice cuánto gastar en un regalo o qué comer. No nos dice qué muebles comprar. Tener muchos puntos de vista pueden llevarnos a una mejor toma de decisiones. Armonicen sus maneras de pensar para ser más sabios. Estate dispuesto a ser persuadido. Imagina hacer exactamente lo que tu cónyuge te propone y piensa sobre cómo hacer que funcione; no solo pienses en el error que ves en su idea. Considera por completo su punto de vista aun cuando tu pareja no considere el tuyo.

Continúa hablando del tema aun cuando parezca difícil que haya algún progreso. Intenta otro ángulo: "¿Cómo podemos hacer que esto funcione?". Asume que existe una solución que será de mutuo acuerdo. Puede que tengas que renunciar a más cosas de lo que esperas. Puede que ambos tengan que hacerlo. Pero existe la solución. Encuéntrenla.

Considera el principio recíproco. Si sientes algo, hay una buena posibilidad de que tu pareja lo sienta también. Si sientes que ella es irrazonable, puede que tu pareja sienta que tú eres irrazonable. Si sientes que es egoísta, posiblemente ella sienta que tú también lo eres. Si sientes que está enojada contigo, también puede sentir que tú estás enojado con ella. Si te sientes atacado, puede que también se siente atacada. El principio recíproco, con frecuencia, es acertado y casi siempre te lleva a pensamientos más productivos.

Trampas y obstáculos durante la fase de discusión

1. No escuchar los razonamientos y pedidos de tu pareja
2. Enfocarte únicamente en lo que tú quieres
3. Dramatizar la presentación de tu postura
4. Alzar la voz
5. Utilizar palabras provocadoras (ej. tú siempre, tú nunca, eso sería estúpido, eres egoísta)
6. Atacar a tu cónyuge, insultar
7. Bloquear, diciendo: "Lo que quieras"
8. Llorar, manipulando con lágrimas

La fase de decisión

1. Aprende a ser decisivo. Algunas veces, por el tiempo, hay que decidir rápidamente. Aun el no decidir es una decisión. Crezcan al punto de que la decisión se realice así: "Podemos hacer lo que tú quieres"; "No, podemos hacer lo que *tú* quieres". Confía que Dios te cuidará, aun cuando no puedas hacer lo que consideres mejor. *"Den, y se les dará: se les echará en el regazo una medida llena, apretada, sacudida y desbordante. Porque con la medida que midan a otros, se les medirá a ustedes"* (Lucas 6:38). Estas palabras funcionan en nuestra relación con Dios y también funcionan en nuestra relación matrimonial.

2. Haz tuya la decisión. Finalmente tienen que tomar una decisión. Una vez que la decisión haya sido tomada, ambos deben hacerla suya. No pienses que hacer lo que tu pareja quiere te remueve de tu responsabilidad de la decisión. Aprópiate de ella como si fuera tu deseo y tu decisión. Eres responsable porque estuviste de acuerdo.

3. Persuade, pero no fuerces. Nunca fuerces a tu pareja a hacer nada. No hay lugar para cosas forzadas en un matrimonio. Cada uno de ustedes es un adulto y tiene libertad para escoger, no importa qué tan malo se vea al momento. Si tu pareja quiere irse, déjala ir. No te pongas en su camino. Si quiere bajarse del carro, tan pronto como llegues a un lugar seguro para pararte, déjala ir. Persuade, no fuerces.

¿Qué tal si no pudieran decidir, pero es un asunto urgente? Dios puso al hombre un rol de liderazgo y debe decidir. Al menos que se le pida a ella que viole su conciencia, la mujer espiritual debe someterse. No piensen que esto significa que se hará a la manera del hombre si no pueden ponerse de acuerdo a tiempo. Significa que él tiene que decidir. Los hombres espirituales, con frecuencia, hacen lo que la esposa quiere.

Hombres, ¿qué tal si su esposa no se somete? Depende de la situación. No hay respuestas fáciles a esta pregunta. Por otro lado, esto debe lanzar una alerta roja de que posiblemente haya problemas en la dinámica de tu matrimonio. Uno, no pueden llegar a un acuerdo. Y dos, no hay red de protección para cuando no llegan a un acuerdo. Este es un buen momento para sentarse con otra pareja que respeten y les permita considerar una opinión externa. Aprendan a hacerlo bien y evítense futuros dolores de corazón.

Situaciones difíciles

En el diagrama que sigue, debería ser obvio cuáles decisiones serán más complejas de tomar. Cuando la decisión es extremadamente importante para ambos y no se pueden hacer las dos cosas, ¿qué es lo que deben hacer? Por ejemplo, ella quiere que los dos visiten a los padres de ella el fin de semana, y él hizo planes con sus propios padres para ir los dos, en el mismo fin de semana. No se pueden hacer las dos cosas. Sienten fuertemente que deberían ir juntos, y este es el último fin de semana libre que tienen por muchas semanas. ¿Cómo podrías tomar una decisión que deje a ambos sintiéndose bien en cuanto al resultado?

Primero, juntos lleven ante Dios la decisión. Oren sobre el tema y lo que desean. Dejar nuestras peticiones ante Dios nos ayuda a considerar su opinión en la situación y pide su ayuda. Luego, busca factores objetivos que podrían ayudarte a tomar la decisión. Por ejemplo, mamá acaba de salir del hospital, papá tiene a toda su familia de visita en la ciudad. Esfuérzate en tomar una decisión que sea la mejor para tu matrimonio, no solo para ti. Si es necesario, busca consejo de alguna pareja que ambos respeten y confíen; pero recuerda, la decisión les pertenece a ustedes.

Cuatro factores pueden ayudar en esta situación, no importa que tan importante sea este fin de semana para ambos:

1. Los dos no pueden salirse con la suya. Uno (o ambos) saldrá decepcionado.
2. No se morirán si te pierdes este fin de semana, aunque tú y tus padres podrían decepcionarse.
3. Habrá muchas otras situaciones similares a esta en la que una decisión de esta naturaleza deba tomarse.
4. Ahora pueden fortalecer su relación, y esto es más importante que tomar la decisión. Si no puedes salirte con la tuya, te habrás sacrificado para una causa más grande.

Considera estas dos observaciones:

Uno, la vida no es justa. Las situaciones serán diferentes, y cualquiera que invierta unos segundos pensando puede fundamentar bastante bien y detallar cómo fue injustamente tratado. La gente con tendencias egoístas, cualquiera, puede argumentar persuasivamente quién se llevó la peor parte del trato. Dile no a tu voz egoísta y asegúrate de que tu pareja se sienta que fue tratada equitativamente.

Dos, si tu pareja es quien se sacrifica, compénsala de alguna manera para que sienta que juegas limpio. Reconoce su sacrificio y resiste la tentación de e minimizar su sacrificio. Aprécialo. Permite que se decepcione. No hagas promesas que no puedas cumplir, pero ofrece alternativas para el futuro próximo en las que requiera tu sacrificio.

Algunos consejos para un buen proceso de tomar decisiones

1. Recuerda que tu relación es más importante que esta decisión.
2. Sigue el proceso sin enfocarte en el resultado.
3. Piensa en qué es mejor para ambos y no solo en lo que tú deseas.
4. Sé orientado a la solución; busca una manera que funcione.
5. Estate abierto a ser persuadido.
6. Mantente calmado.
7. Usa un tono ecuánime en la conversación; evita reclamos provocadores.
8. Usa un lenguaje constructivo.
9. Acepta la decisión final como si fuera tuya.

Piensa en una decisión importante que hayan tomado juntos recientemente. Hablen de cómo piensan que lo hicieron como pareja en cada fase del proceso de la toma de decisiones. ¿En general, cómo les fue en cada fase?

Fase de descubrimiento

Fase de discusión

Fase de toma de decisión

Otros pensamientos, preguntas y reflexiones…

6
Cómo resolver los conflictos

Objetivo: Aprender a resolver los inevitables conflictos que pueda tener con mi pareja, de una manera que sanen nuestras heridas y haga más fácil el perdonar

Todas las parejas tienen conflictos

No hay dos personas que vayan a casarse que sean exactamente iguales. Por lo tanto, siempre habrá desacuerdos que deberán resolverse. El proceso de llegar a un acuerdo, que titulamos "toma de decisiones" en el capítulo anterior, no es un conflicto. Puede que tome más tiempo del que te gustaría, pero no es un conflicto. Intenta tomar decisiones y resolver desacuerdos sin tener conflictos.

El conflicto, lo que mucha gente llamaría un "choque", una discusión o una pelea, ocurre en todos los matrimonios. La forma en que lo manejes afectará significativamente te relación con tu pareja y, por ende, tu matrimonio. La gente pelea por cosas tan simples como: "Abriste dos cajas y solo necesitábamos una", dice él. "Bueno, llegaste tarde a casa ayer", contraataca ella. "Sí, y desde hace tiempo que tú no cocinas una buena comida", el devuelve el golpe. Y esto puede seguir y seguir. Frustración sin sentido, ira y maldad afloran de dos personas que se han comprometido a amarse, honrarse y apreciarse mutuamente.

Nos preguntamos, ¿Qué está sucediendo? ¿Por qué pasa esto? ¿Cómo debo manejarlo? Pero tú sí puedes llegar a comprender lo que está pasando y por qué sucede, además de aprender qué hacer cuando situaciones como estas sucedan.

Durante un conflicto, cada persona generalmente siente que está recibiendo una serie de ataques ante los cuales debe defenderse. Desde el punto de vista de la otra persona, tu defensa se ve como un ataque. Todos los ataques y peleas se conectan en una corriente interminable de conflicto, lo cual toma la forma que vemos expresada en el diagrama.

Todo está conectado. "Yo hice esto porque él hizo aquello. Él hizo esto porque yo hice aquello". "Ella me hizo sentir así". "Él me hizo hacer eso". Todos los ataques, malas acciones, sentimientos heridos y malas respuestas se enganchan o enredan entre sí como si fueran clips en una caja repleta de ellos. El problema principal, las mejores intenciones, una explicación clara de lo que quieres hacer y todos los hechos importantes se pierden en un enmarañado de comentarios. Te enojas, te frustras y no llegas a ninguna parte. Cuando intentas resolverlo, tomas un clip y la caja completa de clips viene con él, entonces resolver el conflicto es casi imposible.

Cambia tu punto de vista. Mira el conflicto como una serie de heridas tal como se muestra a continuación (las heridas pueden ser mucho más grandes de lo que representa el ejemplo del curita). Ver el conflicto de esta forma te ayuda a entender lo que está sucediendo, el daño que causa y lo que debe resolverse.

Discusión típica

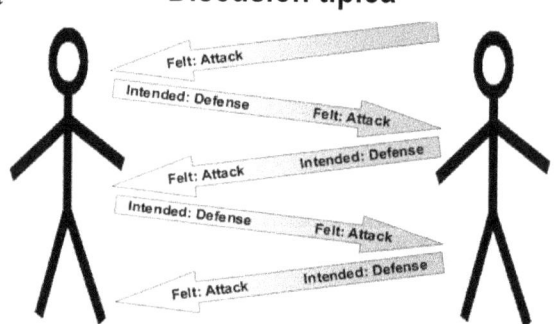

Felt: Attack = Se siente atacado
Intended: Defense = Intenta defenderse

Tuya

Herida
¿Qué la causó?
¿Cómo te hirió?

Suya

Herida
¿Qué la causó?
¿Cómo te hirió?

Hablen de cada herida y arréglenlo; que hable una sola persona a la vez y sobre una herida a la vez. Cuando hables de una herida, no la conectes con otra herida. Busca comprender el dolor que causó y pide perdón por ello, incluso si tus intenciones no fueron malas. Asumir la responsabilidad de cada herida es un paso muy importante para la resolución del conflicto. Explicar por qué no quisiste hacerle daño, aunque a veces puede ayudar, también puede ocasionar que tu pareja sienta que no estás dispuesta a asumir la responsabilidad por el daño que causaste. Esto no ayudará a resolver el problema y, por lo general, causa más daño.

¿Qué sucede en un conflicto?

1. **Herida** – Alguien resulta lastimado. Puede deberse a un malentendido, una situación casi inevitable, palabras imprudentes, palabras duras, cierto tono de voz percibido de cierta forma por la otra persona o una combinación de varias cosas.

2. **Dolor** – Tanto los hombres como las mujeres sufren cuando se sienten heridos. El dolor emocional duele igual o más que el dolor físico. El dolor produce un sufrimiento muy real, sea que tu pareja lo reconozca o no.

3. **Ira** – El dolor con frecuencia conduce al resentimiento y la ira hacia la persona que causó la herida. Algunas personas pasan rápidamente de la herida a la ira sin darse cuenta del dolor que sienten; simplemente se enojan. La ira, incluso cuando se intenta contenerla, se exterioriza en forma de voz elevada, tonos ásperos o algo similar.

4. **Contraataque** – Aunque puede que no sea algo calculado, premeditado o deliberadamente mal intencionado, la ira, con frecuencia, produce contragolpes que se dan con el objetivo de herir. Debido a que la ira limita el autocontrol y la capacidad de ver los eventos con claridad, los contraataques suelen ser más fuertes e hirientes de lo previsto. Este ciclo de cuatro pasos se repite en la pareja y, en plena pelea verbal, regresa a ti a la velocidad de la luz.

Evita el conflicto…cuando puedas

La Biblia compara las palabras imprudentes con una espada (Proverbios 12:18). Si tus palabras imprudentes clavaran físicamente a tu cónyuge con una espada, rápidamente buscarías la forma de detenerte. Nadie apuñalaría a su pareja con una espada y luego pediría inmediatamente hacer el amor. Nadie acuchillaría a su pareja y luego le increparía por no querer hablar. Sin embargo, muchos hacemos esto de manera verbal. Aunque el dolor es emocional (no físico) y, por lo general, no es inmediato, se siente muy real. Aprende a reconocer y comprender las "heridas emocionales".

¡Deténtelo cuando puedas!

Proverbios 12:18 NTV
Algunas personas hacen comentarios hirientes, pero las palabras del sabio traen alivio.

1. ¡No lastimes! Los recién casados descubren muchas formas en las que se lastiman involuntariamente. Busca evitar las cosas que lastiman a tu cónyuge. La mejor forma de resolver un conflicto es no tenerlo.

Consejos para quien causó la herida	Preguntas/consejos para quien está herido
a. Pregúntate a ti mismo qué hiciste que causara la herida. b. Toma la responsabilidad de cómo hiciste sentir a tu pareja. c. No trates de echarle la culpa a tu pareja de lo que tú hiciste. d. No pienses: *"¿Por qué esto te lastima?"*.	a. ¿Por qué me siento lastimado? b. ¿Puedo ser menos sensible? c. ¿Puedo ver esto desde su perspectiva? (¿Por qué puede ser que yo haya hecho lo mismo?). d. ¿Puedo simplemente superar la herida? e. ¿Quizás entendí mal algo que dijo?

2. Lidiar con el dolor. Dios nos da dolor físico y emocional por una razón. Descubre por qué y trata de asimilarlo.

Consejos para quien causó la herida	Preguntas/consejos para quien está herido
a. No esperes que sane de inmediato o haya una solución rápida. b. No le digas por qué no debería sentirse lastimado ni lo critiques por sentirse lastimado. c. Trata el dolor emocional con el mismo cuidado que darías al dolor físico. d. Su dolor no es para manipularte.	a. ¿He hecho algo para lastimarlo? b. Descubre qué es lo que te lastimó. c. Expresa tu dolor claramente y con palabras que puedan ser escuchadas. d. ¿Puedo soportar el dolor sin enojarme?

3. Manejo de la ira. La ira te lastima más que la persona con la que estás enojado.

Consejos para quien causó la herida	Preguntas/consejos para quien está herido
a. Descubre cual es la razón de la ira; es decir, el dolor. b. No seas orgulloso al creerte demasiado bueno; recuerda las veces cuando te has enojado. c. No esperes que la ira desaparezca de inmediato. d. Realiza un estudio bíblico sobre la ira.	a. ¿Necesito darme una pausa? b. Admite frente a tu pareja que te sientes enojado. c. Enójate sin pecar. d. Juega según las reglas.

4. Control de daños. Proverbios 29:11. Las cosas que se dicen con ira no se pueden borrar. El abuso verbal y físico no tiene cabida en un matrimonio.

Consejos para quien causó la herida	Preguntas/consejos para quien está herido
a. Haz a un lado la ira y concéntrate en los hechos. b. Piensa en lo que has hecho para contribuir con esto. c. Modera los mensajes, ya que la ira distorsiona la verdad.	a. Tu ira es una espada verbal en la mano, no la uses. b. ¿Qué haría Jesús? c. El necio da rienda suelta a su ira (Proverbios 29:11). d. Piensa más, habla menos. e. Expresa tus sentimientos de manera constructiva.

Aprende a hacer a un lado la ira

Cuando tu cónyuge está molesto y habla o reacciona con enojo, tú puedes hacer a un lado el enojo. Detener el enojo e ignorar las palabras humillantes o despreciativas hacia ti y analizar los hechos que pudieron ocasionarlos te permitirá mantener la calma y reaccionar de manera provechosa. La tentación de devolver enojo con enojo y desprecio por desprecio es ciertamente fuerte, pero se puede resistir. Si eliges el autocontrol, puedes evitar un dolor considerable. Vale la pena el esfuerzo de aprender cómo escuchar a tu cónyuge cuando está frustrado y enojado.

Utiliza los siguientes ejemplos para ayudarte a desarrollar la habilidad del autocontrol.

Ella grita: *"¡Estoy harta y cansada de limpiar y arreglar todo! No soy tu madre. Estoy cansada de que me traten como una sirvienta. Eres un cochino. No puedo seguir soportando esto. ¿Por qué no puedes limpiar y recoger tus cosas?"*.

¿Cuáles son los mensajes implícitos en el comentario que harías bien en ignorar?

_____

_____

¿Qué siente ella?

_____

_____

¿Cuáles son los hechos que ella está comunicando?

_____

_____

Él grita: *"¡No puedo creer que gastaste 150 dólares en esto! ¿Acaso no tienes idea de cuántas facturas pendientes tenemos este mes? Ahora no podremos pagarlas todas. ¿Qué estabas pensando? ¡No vuelvas a hacer eso nunca más!"*.

¿Cuáles son los mensajes implícitos en el comentario que harías bien en ignorar?

_____

_____

¿Qué siente él?

_____

_____

¿Cuáles son los hechos que él está comunicando?

Disculpas que curan: más que decir "Lo siento"

Las disculpas ayudan a curar las heridas y a quitar el dolor. Sin embargo, una disculpa requiere más que decir "Lo siento". Algunas personas dicen: "Lo siento", cuando en realidad quieren decir "Sigue adelante" o "Supéralo". Una disculpa vacía suele ir acompañada de: "Ya dije que lo sentía. ¿Qué más quieres de mí?" y "¿Por qué no puedes perdonar?". Estos intentos de disculparse no resolverán el conflicto y, de hecho, probablemente lastimarán más a tu pareja.

Aprende a disculparte. Esto lleva más tiempo para unos que para otros, especialmente para las personas orgullosas. Disculparse requiere más humildad que habilidad o sutileza. Al principio, cuando lo haces bien, puedes sentir que estás asumiendo más culpa de la que merecías. Aunque tu cónyuge se sienta mejor, es posible que tú te sientas mal contigo mismo. Aceptar tu parte de culpa te convierte en una persona íntegra que ama la verdad. Siéntete bien por haber resuelto tu parte del conflicto. Más adelante (y puede que necesites ayuda), debes aprender a resolver el conflicto interno que sientes.

1. **Busca comprender lo que hayas hecho para lastimarlo.** Pregunta como un amigo curioso que investiga, no como un abogado en un interrogatorio judicial. Sé paciente y deja que lo saque todo, incluso si lo está expresando en términos hirientes. No te defiendas. Ayúdale aceptando lo que hiciste. "Lo arruiné …, fui grosero…, te menosprecié…, te avergoncé…, te hice sentir mal…"

2. **Dilo con tus propias palabras.** Sentirá que lo comprendes cuando dices con tus propias palabras cómo lo lastimaste y por qué entiendes que lo lastimaste. No minimices tus malas acciones. No des excusas, ni siquiera si son válidas. Concéntrate en cómo lo que dijiste o hiciste finalmente lo lastimó.

3. **Luego pide perdón.** Expresa sinceramente que lamentas la acción específica que hiciste. Continúa pidiendo disculpas hasta que el dolor desaparezca. Cuanto mejor sepas disculparte, menos tendrás que hacerlo. Si te disculpas siete veces y luego te quejas de que no te ha perdonado, haces que parezca que tu disculpa no fue sincera, das a entender que no estás, en realidad, arrepentido, sino solamente ansioso que se olviden de tu mala conducta. Humíllate y sigue disculpándote hasta que el dolor desaparezca.

Expresa tus heridas para que puedan ser escuchadas

Lo haces más fácil para tu pareja cuando expresas tu dolor en buenos términos y de manera que no lastima ni es provocadora. Aprende a expresar lo que te hirió de una manera que pueda ser escuchada. Reformula los pensamientos a continuación para que sean más fáciles de escuchar.

¿Por qué nunca recuerdas nada de lo que te pido que hagas? No puedo creer que te hayas olvidado de que te encargué comprar pan de camino a casa. Ahora tenemos invitados a cenar y no tenemos pan. No puedo confiarte nada. Sabía que debía haberlo hecho yo misma.

¿Por qué me dijiste que estarías en casa a las 5:00 de la tarde, pese a que sabías que ibas a ir de compras? Nunca llegas a casa a tiempo cuando sales de compras. Contaba con que la cena iba a estar lista para la hora que dijiste. Ahora llegaré tarde a mi reunión. Arruinaste todos mis planes para la tarde, pero claro, eso no es algo que sea importante para ti.

El conflicto produce heridas y dolores que deben ser perdonados. Dios espera que nos perdonemos unos a otros. Lastimarse puede compararse con una astilla en el pie. Sacar la astilla puede parecer más doloroso que dejarla ahí, pero esto no es cierto a largo plazo. A veces es difícil saber si la astilla ha sido quitada por completo. Recuerda, la astilla no sale sola. Aprende a resolver tus conflictos por completo.

Los signos de que un conflicto está resuelto incluyen:

- Poder hablar del tema en un tono normal
- No mencionar el tema otra vez
- No pensar en ello

Establece tus límites

Mateo 12:37

"Por tus palabras se te absolverá,
y por tus palabras se te condenará".

Las carreteras que atraviesan terrenos montañosos requieren vallas de contención que sirvan de protección en caso de que los vehículos pierdan el control. De la misma manera, algunas pautas o estándares que ustedes mismos se impongan pueden salvar tu matrimonio de lesiones graves si los sigues. Piensa en las pautas o estándares que te gustaría establecer para tu nueva familia. Asegúrate de estar dispuesto a vivir según los estándares que establezcas. Sé realista, pero considera cuidadosamente cómo quieres construir tu matrimonio. Después de hacer una lista de los estándares que te gustaría establecer, habla con tu pareja y decidan juntos lo que quieren. Busca ayuda si la necesitas para que se pongan de acuerdo.

El siguiente ejercicio tiene como objetivo ayudarte a elegir los estándares que deseas establecer para tu relación. Mira la siguiente tabla. Para cada área, encierra en un círculo el cuadro a la derecha que creas que se asemeja más al estándar que deseas establecer para tu matrimonio. Los estándares aumentan a medida que avanzas de izquierda a derecha.

ÁREA	1	2	3	4
Control de ira	Sin empujar o jalar, o usar fueza fisica	Sin gritar ni golpear cosas	Solo breves estallidos de voz, voz alta o tono áspero	Sin voz alta y sin tono áspero
Dar por terminada una discusión	Es permitido irse para calmarse, pero siempre debes volver	Es permitido irse, pero debe decir cuándo regresarás	Es permitido terminar la discusión, pero solo si ambos están de acuerdo	No es permitido dejar de hablar o irse durante una discusión
Declaraciones que juzgan a tu pareja	Sin insultos venenosos con la intención herir	Habla solo lo que consideras que es correcto o acertado	Solo critica constructiva	Nunca digas nada que pueda ser percibido como un desprecio o humillación

¿Cómo manejarás la situación si tu pareja viola el estándar que establecieron juntos?

Aprendan a alentarse el uno al otro

Todo el mundo tiene una cuenta bancaria emocional. Una sonrisa, cantar y sentirte en la cima del mundo son señales de una cuenta emocional llena. El pesimismo, la tristeza, la desesperación y la depresión indican una cuenta sobregirada o sin fondos. Tú haces depósitos y retiros en la cuenta bancaria emocional de tu pareja, seas o no consciente de ello. Como un espejo refleja tu imagen, tu pareja refleja el saldo de las transacciones diarias que has realizado en su cuenta bancaria emocional. Si bien es cierto que otros afectan la cuenta de tu pareja, tus transacciones son mayores, ya que estás más tiempo con ella.

Todo el mundo quiere vivir con una persona cuya cuenta bancaria emocional esté llena. A algunos les gustaría casarse con una persona que sea feliz sin importar lo poco que tenga en su cuenta. Estas personas reaccionan a una cuenta sobregirada diciéndole a su pareja que "se ponga feliz", "lo resuelva" o incluso que "cambie su actitud". Vaya, con esto acaban de hacer otro retiro de la cuenta.

Las heridas causan grandes retiros. Las críticas ocasionan retiros que varían en tamaño. Incluso las pequeñas correcciones provocan retiros. La negligencia, simplemente dejar pasar el tiempo, disminuye el saldo de la cuenta.

¿Quieres vivir con alguien cuya cuenta esté llena? Aprende a realizar depósitos. Ten en cuenta que la mayoría de los depósitos son muy pequeños. Un retiro requerirá muchos depósitos para cubrir la pérdida. Así que, desarrolla un estilo de vida que los lleve a hacer depósitos, alentándose el uno al otro.

En un matrimonio, el esposo debe alentar a su esposa y la esposa debe alentar a su esposo. Observa las siguientes seis formas en que pueden alentarse y fortalecerse mutuamente.

1. **No realices retiros**. Aprende a minimizar la cantidad de retiros que realizas. Descubre qué le afecta o lastima y deja de hacerlo. No menosprecies ni te burles de tu pareja, especialmente frente a los demás. No lo insultes. Construir es más fácil cuando dejas de derribar.

2. **Estate sinceramente agradecido por tu pareja.** Haz una lista de cincuenta cosas que aprecias de tu pareja. Reflexiona y habla sobre esas cosas. Elije una cosa al día para compartir con tu pareja. También compártelo en presencia de otros. Algunas personas piensan constantemente en lo que no

les gusta de su pareja y piensan que es aceptable expresar esas quejas, pero no es cierto. Incluso si eres crítico solo en tu corazón, gran parte del daño ya está hecho. Por otro lado, un corazón agradecido hará continuamente depósitos. Cuando vives con alguien, esa persona puede percibir cómo te sientes.

3. **Expresa afecto.** Los saludos y las despedidas son muy importantes. Aprovecha esas oportunidades para expresar afecto. Un abrazo, un beso y unas palabras de cariño deben convertirse en tu hábito. Incluso en momentos de estrés, no dejes de dar afecto sincero. De esta manera, realizarás muchos depósitos valiosos. Sin embargo, nunca fuerces un abrazo o un beso. Si tu pareja no se siente cómoda para abrazarte o besarte en cierto momento, probablemente lo hayas lastimado y tendrás que resolverlo. Tarjetas, flores, cartas y obsequios también hacen depósitos sustanciales. Recuerda fechas especiales (cumpleaños, aniversarios, Navidad).

4. **Hazle saber cuánto lo necesitas.** Algunas personas proyectan un espíritu tan independiente que comunica a los demás que no los necesitan. Exprésale a tu pareja cuánto lo necesitas. Honra a tu pareja. Honrar significa valorar, tener en alta estima. Hazle saber cuánto valoras cosas específicas de ella. Esto es como colocar dinero en el banco emocional.

5. **Cree en tu pareja.** Un sincero "¡Tú puedes hacer eso!" puede hacer maravillas para alentar a tu pareja. Adopta una visión optimista y subjetiva de tu pareja. De esta manera, te harás querer. Algunos, que se creen realistas, pueden estar pensando: *"¿Qué pasa si en verdad no puede hacer tal cosa? ¿Quieres que mienta?"*. Nunca debes mentir. Sin embargo, debes aprender lo que significa pensar subjetivamente. "Ella es la mujer más bella del mundo" no requiere que ella gane un concurso de belleza. Creer en tu pareja, adoptar una posición optimista y subjetiva sobre su capacidad, la alienta y fortalece.

6. **Dale el beneficio de la duda.** El sistema judicial de muchos países establece que una persona es "inocente hasta que se demuestre lo contrario". Si se le concede el beneficio de la duda inclusive a personas acusadas de un grave delito, de seguro tú puedes hacerlo por tu pareja. Asume lo mejor. No asumas que volverá a cometer el mismo error. Espera lo mejor y recibirás lo mejor. Las críticas y las dudas pueden convertirse en profecías autocumplidas. Alienta a tu pareja. ¡Dale el beneficio de la duda!

¿Por qué es importante alentar a tu pareja y hacer depósitos en su cuenta bancaria emocional?

_____

_____

_____

¿Cuáles han sido las tres últimas formas en que has hecho depósitos en la cuenta de tu pareja?

_____

_____

¿Cómo reaccionas cuando tu cuenta emocional está sobregirada o sin fondos?

_____

_____

_____

_____

_____

¿Cómo reacciona tu pareja cuando su cuenta emocional está sobregirada o sin fondos?

_____

_____

_____

_____

_____

Otros pensamientos, preguntas y reflexiones…

7
¿Cómo gastarán su dinero?

*Objetivo: Entender cómo mi prometido o prometida y yo manejamos el dinero
y encontrar un enfoque mutuamente satisfactorio para nuestras finanzas*

Eclesiastés 5:10
*Quien ama el dinero nunca tiene suficiente;
El que ama las riquezas nunca se satisface con sus ingresos.*

La forma como manejas el dinero revela mucho acerca de tu corazón y tu carácter. Los deseos egoístas se manifiestan claramente cuando los esposos buscan gastar su dinero como si fueran uno y no como los dos que son. El amor al dinero sigue produciendo "toda clase de males". La lucha acerca de cómo gastar su dinero será un desafío para su relación. Así que aprende cuál es el punto de vista de Dios sobre el dinero y guárdalo en tú corazón pues de ello depende tu capacidad para lograr alcanzar la unidad en lo financiero, dentro de tu matrimonio.

Has pasado toda tu vida gastando tu dinero y administrando tus finanzas. ¿Cuál es el problema que hay en el matrimonio respecto a las finanzas? Bueno, lo que solía ser un único fondo de dinero, una única serie de necesidades y deseos, preferencias, debilidades y valores ahora se convierte en dos. Cuando estás casado, otra persona estará interesada en casi todas las decisiones que puedas tomar acerca del dinero y en cómo gastarlo. Lo que consideras insignificante, puede ser significativo para tu socio financiero. El artículo que tú querías tener podría ser precisamente aquel con el cual tu pareja nunca podría vivir. Las decisiones simples, especialmente durante los primeros meses de matrimonio, pueden requerir mucha conversación. Lo que es atractivo para uno puede resultar horroroso para el otro. Lo que es "imprescindible" para uno, puede parecer irresponsable para el otro. Sus hábitos de gasto cambiarán. Sé flexible y anhela llegar a un consenso en sus decisiones financieras, un lugar donde ambos puedan sentirse bien, o al menos conformes.

Lo que Dios dice sobre el dinero

1. **Recuerden que la riqueza viene de Dios – (1 Crónicas 29:11-12).** Esto no significa que uno deba ser una persona piadosa o recta para adquirir riqueza. De hecho, personas malvadas han sido ricas tanto en los tiempos bíblicos como en la actualidad. Esto significa que debes estar agradecido por lo que Dios te da. Viene de Dios. Los talentos que tienes para ganar dinero provienen de Dios. Incluso los principios que puedes seguir para tener éxito financiero provienen de Dios. Así que usa el dinero que Dios te da para su propósito.

2. **¡Cuidado! Amar el dinero es malo (Eclesiastés 5:10; 1 Timoteo 6: 6–10; 17–19; 1 Juan 2:15).** La voluntad de Dios es que amemos a las personas que él creó y no que amemos el dinero o las cosas que este puede comprar. El amor al dinero resulta en "todo tipo de males". Cuando amas el dinero, te conviertes en un esclavo de lo que deseas poseer. El dinero puede suplir poderosamente tus necesidades, pero también puede gobernar tu vida de una manera horrible. Cuando el dinero dirige tu vida, destruye tu carácter y tus relaciones. Hace que los deseos parezcan necesidades y te ciega a las necesidades de los demás, especialmente a las necesidades de tu prometido o prometida.

3. **Den con alegría para la obra de Dios. (1 Corintios 9: 11-14, 16: 2; 2 Corintios 9: 7-8).** Dios quiere que seamos agradecidos por el privilegio de dar para su obra. La iglesia de Dios hace cosas maravillosas como alimentar a los pobres y reconstruir vidas y cuando das tu contribución económica, estás participando en esa labor. Ya que Dios es quien te provee el dinero, toma una parte para darle primero a Él y contribuye con generosidad y alegría para promover las causas de Dios y su obra.

4. **Vivan dentro de sus posibilidades; estén contentos en toda circunstancia (Filipenses 4: 11-19).** No gasten más de lo que tienen. Sus gastos deben ser menores que sus ingresos. Esto depende más de sus convicciones que de sus ingresos. Mucha gente en este mundo ha aprendido a vivir feliz con una fracción de lo que ustedes quieren gastar. Tener ingresos adicionales no resolverá sus problemas de dinero, pero aprender a tener contentamiento con lo está dentro de sus posibilidades sí lo hará. Recuerden, el que ama el dinero nunca tiene suficiente.

5. **Dios quiere que seamos generosos con nuestro dinero (2 Corintios 9:11).** Dios nos dice que la generosidad nos hace ricos. Cuando nos enfocamos menos en nuestras necesidades y más en las necesidades de los demás, podemos volvernos generosos. Dios quiere que los cónyuges sean generosos, aunque deben trabajar para lograr un consenso en su generosidad. Hay muchas formas increíbles de ser generosos y ambos deben desarrollar la capacidad de sentirse alegres por lo que dan a otros para que así también ambos puedan disfrutar de las riquezas que provienen de dar.

6. **Trabajen arduamente (Hechos 20:35; Proverbios 14:23, 21: 5, 30: 24-25).** Dios quiere que trabajemos duro para que podamos satisfacer nuestras necesidades y ayudar a los demás en sus necesidades. Él nos creó para hacer buenas acciones. El éxito en su trabajo, en general, requiere que haya esfuerzo, igualmente, manejar bien sus asuntos financieros también requiere esfuerzo. Hablar de las decisiones hasta llegar a un acuerdo requiere también mucho esfuerzo, sobre todo al inicio. Trabajen ardua e inteligentemente. Desde el punto de vista de Dios, los atajos no pueden sustituir el esforzarse y trabajar arduamente.

7. **Busquen muchos consejos y calculen el costo antes de hacer compras grandes (Proverbios 15:22; Proverbios 19:20).** Hagan su tarea antes de comprar. Las casas, los automóviles, los electrodomésticos y otros artículos caros requieren investigar, pensar y planificar más. En vista que estas decisiones deben tomarse de a dos, las cosas las van a utilizar los dos y las van a pagar los dos, se requerirá aún más tiempo. Jesús usa una decisión financiera para ilustrar cómo debemos calcular el costo antes de tomar la decisión de seguirlo. No esperen que todos los consejos sean iguales o coincidan. Las buenas decisiones resultan, por lo general, de una elección que proviene de muchas buenas opciones. Busquen consejos y hagan un plan de cómo pagar el artículo que desean comprar. Cualquier proyección que hagan sobre sus ingresos en el futuro debe basarse en datos firmes y de los que tengan seguridad, no de optimistas suposiciones o esperanzas que al final podrían o no suceder. Un buen consejo puede ayudarles a solucionar este problema.

8. **Paguen sus deudas (Romanos 13: 7-8).** La Biblia habla muy claramente sobre este asunto. Paguen sus deudas a tiempo. Nunca te coloques en una situación en la que debas elegir a qué acreedor pagar y tengas que pagar primero al más desagradable. Aunque circunstancias inevitables pueden causar esta situación, la mayoría de las personas llegan allí debido a una serie de malas decisiones financieras que los llevaron a darle más valor a sus deseos y no a tener una posición financiera segura.

9. **Provean para su familia; ahorren para sus hijos (1 Timoteo 5: 8; 2 Corintios 12:14).** Cuiden de su familia. La Biblia dice que una persona que no cuida a su familia es peor que un incrédulo. Trabajen duro y esfuércense por tener éxito, pero sin perjudicar a su familia. No descuiden a su familia con la excusa de querer "proveer para ella y ahorrar para los hijos". Elaboren un presupuesto que incluya un monto para ahorros. Pongan el dinero en una cuenta que no sea de fácil acceso. Trabajen para ahorrar el diez por ciento. Inviertan sus ahorros sabiamente.

10. **Haz con los demás como quieres que hagan contigo (Lucas 6:31).** Dejar a un lado el egoísmo proporciona una base para la unidad financiera. Pon las necesidades de tu prometido o prometida por encima de tus necesidades. (Filipenses 2: 3).

No se sorprendan cuando ambos no estén de acuerdo en cómo gastar su dinero. Tampoco se sorprendan del tiempo y la energía que se necesita para llegar a un acuerdo. Lograr un acuerdo entre los dos es esencial para la unidad de su matrimonio. Las finanzas son un área problemática para muchos matrimonios. No tomen atajos. Aunque algunos de ellos pueden parecer atractivos y lógicos, porque traen beneficios a corto plazo, debes evitarlos. Construyan su matrimonio sobre una base sólida. Consideren cuidadosamente cada una de estas trampas financieras. ¿Algunas de estas trampas describen su manera de ver las finanzas o alguna tentación que enfrentan?

Trampas en las finanzas

1. **Tu dinero y mi dinero** – Algunas personas cuando se casan mantienen cuentas bancarias separadas y continúan hablando sobre tu dinero y mi dinero. Esto lleva a uno a decir: "Es mi dinero, así que lo gastaré como yo quiera". Eso era cierto cuando estabas soltero o soltera. Su objetivo en el matrimonio debe ser que todo lo que ambos tengan, lo vean no como "lo mío" sino como "lo nuestro". Unir el dinero en una cuenta, aunque al principio puede tomarles más tiempo para tomar este tipo de decisión, les ayudará a unirse financieramente y a hacer la transición de pasar de ser dos a ser uno. La decisión de gastar debe descansar en dos y no solo en uno de ustedes.

2. **Egoísmo** – Cada uno de nosotros tiene un fuerte deseo de obtener lo que quiere cuando lo quiere y de gastar el dinero como quiere. La unidad financiera no se puede lograr a menos que controlemos estos deseos egoístas. Naturalmente, podemos ver con claridad lo que a nosotros nos gusta y lo que creemos que es importante. Sin embargo, el egoísmo te ciega a los deseos económicos de tu cónyuge. Solo trabajando duro en esta área, puedes ver y comprender los deseos, necesidades y valores de tu cónyuge. Incluso entonces, nunca podrás entender completamente su punto de vista. Desarrollen un ambiente que les permita hablar con calma sobre el tema. Se requiere mucho diálogo para que comiencen a comprender los valores y deseos de cada uno. No se desanimen si les toma tiempo lograrlo.

3. **Gasto secreto** – El principio, "compre ahora y pida perdón después", dañará su matrimonio. Si bien este principio te dará lo que quieres en el momento, también le hace mucho daño a tu cónyuge pues comunica "primero soy yo." En segundo lugar, transmite que no sentiste que podías justificar la compra ante tu cónyuge, pero decidiste hacerla de todos modos. En tercer lugar, le dice a tu cónyuge que no confías en su criterio. Por último, desde un punto de vista práctico, cambia las reglas a: "Si realmente quieres algo, solo ve y cómpralo". Esa filosofía acabará con cualquier presupuesto.

4. **Preocupación por el dinero** – Algunas personas se inquietan y se preocupan por cómo pagarán las cuentas. Ciertamente, uno debe interesarse en pagar las cuentas y debe buscar la manera de pagarlas; sin embargo, esto debería ser una tarea, no un tipo de carga permanente, que no te deje dormir o que sea tu primer pensamiento al despertar. No te preocupes (Mateo 6:25). Si no sabes cómo pagar tus cuentas, busca ayuda. Acepta pasar cualquier trago amargo que necesites tomar con miras a tener tus finanzas bajo control.

5. **Deseo continuo de tener más** – La publicidad promueve sin ningún pudor la codicia. "Te mereces uno de estos". "Tú lo vales." "Nadie debería vivir sin esto". "Sé la envidia de tus vecinos". 1 Juan 2:15 nos dice que no amemos al mundo ni las cosas del mundo. El deseo de obtener más presionará sus finanzas sin importar cuánto dinero ganen. Aprender a tener contentamiento con lo que están en capacidad de pagar elimina la presión sobre las finanzas.

6. **Insistir en vivir un estilo de vida en pobreza** – Algunos quieren vivir en austeridad, ya sea por conciencia o simplemente porque no les gusta gastar dinero. El matrimonio cambia la ecuación. El sacrificio financiero debe ser una empresa conjunta; ambos deben estar de acuerdo. No esperes que tu nuevo socio se sacrifique de la misma manera que tú. Quizás sea necesario que ustedes dos hagan algunos sacrificios financieros adicionales para cumplir con su presupuesto, pero si lo hacen, ambos deben estar de acuerdo. No esperes que tu pareja sea igual a ti, que gaste lo que tú gastarías y sacrifique en las áreas donde tú te sacrificarías.

7. **Yo tomo la decisión porque yo gano más** – La discusión sobre "quién gana más" divide a los cónyuges y es una pérdida de tiempo. Además, siembra la mala idea de que su valor está ligado a cuánto gana. Los dos se convierten en uno sin importar el monto del salario que recibe cada uno.

8. **Gastar más de lo que ganan** – El crédito fácil que ofrecen las tarjetas de crédito puede parecer que ofrece ayuda y seguridad cuando surgen dificultades financieras. En realidad, es una trampa y pueden adquirir una deuda que puede perjudicar su futuro financiero. La alta tasa de interés de las tarjetas de crédito las convierte en una opción imprudente para financiar deudas. Paguen las tarjetas todos los meses o desháganse de ellas. No gasten más de lo que ganan. Tengan cuidado con las compras impulsivas, las compras por diversión y la amnesia presupuestaria.

9. **Diferentes estilos financieros** – La vida ofrece muchas formas de administrar sus finanzas y existen numerosas formas de gastar su dinero. No todas las decisiones son una cuestión de bien o mal; son una elección personal. Algunos prefieren invertir mucho en artículos del día a día, otros en ocasiones especiales, otros en aficiones o inversiones. El estilo de una persona difiere del de la otra. Aprendan a convertir sus estilos en uno solo, lo que significa que ambos tendrán que cambiar. Ambos sentirán que, como pareja, están gastando demasiado en algunas áreas y gastando menos en otras.

10. **Diferentes metas financieras** – Algunas personas quieren ayudar a tantas personas como sea posible. Otros quieren jubilarse temprano para poder dedicarse tiempo completo a otro interés. Algunas personas se contentan con vivir con un presupuesto austero, simplemente arreglándoselas. Otros, se sienten muy incómodos cuando los ahorros disminuyen y dejan de ser un colchón seguro. Es probable que empiecen con metas diferentes. Aprendan cuáles son sus metas y busquen identificar sus nuevas metas como pareja. Trabajen para encontrar metas con las que ambos puedan vivir.

Acerca de ti: Finanzas

Dios quiere que progreses. ¿Cómo te bendecido financieramente en tu vida?

_____

_____

_____

Toda riqueza viene de Dios. ¿Cómo el comprender esto afecta la manera en que buscas tener más dinero?

_____

_____

_____

La Biblia dice que el amor al dinero es la raíz de todos los males. ¿De qué manera el dinero es una tentación para ti?

_____

_____

_____

Describe cómo decides la cantidad de dinero que vas a dar a la obra de Dios.

_____

_____

_____

¿Cómo te sientes con esa cantidad?

_____

_____

_____

¿Cuáles son tus objetivos en esta área?

_____

_____

_____

¿Cuántas deudas tienes? Deuda 1 _____ Deuda 2 _____ Deuda 3 _____ Deuda 4 _____ Deuda 5 _____

Deuda Total _____

¿Cómo adquiriste estas deudas?

¿Eres una persona generosa? _____ ¿Por qué dices eso?

¿Tu pareja te considera una persona trabajadora? _____ ¿Tus amigos te consideran una persona trabajadora? _____ ¿A qué se debe que ellos puedan sentirse así respecto de ti? _____

¿Cuál fue tu última compra grande? _____ Describe cómo tomaste la decisión de comprar eso (es decir, cómo decidiste que lo necesitabas, cómo decidiste cuál comprar y cómo acordaste pagarlo, etc.).

¿Alguna vez te retrasaste en un pago? _____ ¿Con qué frecuencia sucede? _____ ¿Por qué sucede?

¿Ganas suficiente dinero para cubrir tus necesidades? _____ ¿Tu pareja estaría de acuerdo con esto? _____ ¿A qué se debe que ella pueda sentirse así respecto de ti?

En cinco años, ¿cuánto dinero crees que ganarás? _____ ¿Cuál es tu plan para lograrlo?

_____

_____

_____

¿Tienes ahorros o inversiones? _____ ¿Cuánto? $ _____ ¿Cómo lo inviertes? Proporciona detalles.

_____

_____

¿Cuánto dinero en efectivo sueles llevar contigo? $ _____

¿Cuánto dinero en efectivo gastas a la semana? $ _____

_____

_____

_____

¿Cómo te describes a ti mismo en tu manera de gastar? Tacaño, conservador, equilibrado, generoso, extravagante: _____ ¿Por qué?

_____

_____

_____

¿Cómo describirías a tu pareja en relación con la pregunta anterior? _____ ¿Por qué?

_____

_____

_____

¿Tienes un presupuesto? _____ Describe qué tanto respetas tu presupuesto.

_____

_____

_____

¿Cuáles son tus metas financieras? ¿En cinco años? ¿En veinte años?

¿Tu patrimonio neto?

	Lo que posees	Valor	Monto Adeudado	(valor) - (monto adeudado)
1	Casa			
2	Carro			
3	Muebles			
4	Propiedades			
5	Póliza de seguro de vida total			
6	Acciones y bonos			
7	Ahorros			
8	Activos varios:			
9				
10				
11				
12	Deudas: préstamos educativos			
13	Saldo del pago de la tarjeta de crédito			
14	Préstamo personal			
	Total			

El presupuesto de ambos como familia

	Elemento en el presupuesto	De él	De ella	De él + de ella	Después de la boda
1	Salario				
2	Otros ingresos: Fuente				
3	Suma las casillas 1 - 2 **Ingresos totales**				
4	Contribución (ofrenda)				
5	Deudas: Préstamos educativos				
6	Saldo del pago de la tarjeta de crédito				
7	Pago de préstamos				
8	Ahorros/inversiones				
9	Vivienda: Hipoteca/alquiler				
10	Gasolina				
11	Gas				
12	Electricidad				
13	Agua				
14	Teléfono fijo				
15	Celular				
16	Gastos por compra de muebles				
17	Gastos por reparaciones				
18	Alimentación				
19	Seguro de Salud				
20	Seguro de Vida				
21	Seguro de vivienda o de alquiler				
22	Carro: Pago de la cuota del carro				
23	Seguro				
25	Gasolina				
26	Gastos por Reparaciones				
27	Gastos de ropa				
28	Monto para gastos en efectivo				
29	Regalos				
30	Mensualidad del Gimnasio				
31	Citas/Diversión				
32	Retiros				
33	Contribuciones de ayuda a personas en necesidad				
34	Gastos de Vacaciones				
35	Gastos varios				
36	Suma las casillas 4 – 35 **Gastos Totales**				
37	Casilla 3 menos casilla 36 **+ ahorro / -exceso**				

Otros pensamientos, preguntas y reflexiones…

8
Un hombre y una mujer

Objetivo: Comprender las diferencias entre hombres y mujeres y mi papel en el matrimonio

A estas alturas te habrás dado cuenta de que los hombres y las mujeres difieren en muchos aspectos. Vemos las situaciones de forma diferente, sentimos las cosas de forma diferente y nuestros cuerpos difieren en cuanto a su aspecto y composición. Estas diferencias nos emocionan a veces y nos frustran otras. Dios nos diseñó para ser una pareja que se complementa entre sí.

Describe las diferencias

En las siguientes áreas describe cómo son las tendencias que esperarías que tengan mujeres y hombres. ¿En qué se diferencian? ¿En qué se parecen?

Área	Mujeres	Hombres
Cómo lidiar con los sentimientos		
Conversación		
Autoestima		
Ver la televisión		
Deportes		
Romance		
Amigos		
Ropa		
Aniversarios		

Está claro que los hombres y las mujeres son diferentes. Cada persona es diferente y cada pareja es diferente. Cada pareja debe aprender a formar un equipo. Como miembro del equipo, es importante conocer tu papel. Dado que los tiempos han cambiado, también lo han hecho los roles típicos que se esperan de los hombres y las mujeres. Aunque no hay reglas fijas para determinar tu papel en el matrimonio, es importante que los dos estén de acuerdo en cómo se distribuyen las labores en el hogar. Al igual que cuando estaban solteros, las tareas en casa deben hacerse, a pesar de que tengan la carga de trabajo a tiempo completo fuera de su hogar. ¿Lo hará él o lo hará ella? ¿Es justo? ¿Estás dispuesto a llevar tu parte de la carga? Rellena la siguiente tabla. Háblalo con tu pareja y pónganse de acuerdo para un reparto equitativo y comprométete a cumplirlo. Tanto los hombres como las mujeres se sienten amados cuando su pareja asume una parte equitativa del trabajo. Si no asumes la parte que te corresponde, esto hace que tu pareja se sienta utilizada y no respetada.

Quién hará cuales tareas

Rellena la siguiente tabla con el porcentaje de tiempo que le dedicarás a cada tarea, comparado con lo que corresponda a tu futuro cónyuge. Por ejemplo, si piensas hacer la compra tres de cada cuatro veces, pon 75 en la columna de %. Añade las demás tareas que sean relevantes para ti.

Tareas	%	Tareas	%
Casa		**Planificación social**	
Compra de víveres y alimentos		Planificar viajes y/o vacaciones	
Guardar las compras		Comprar regalos para la familia y los amigos	
Cocinar		Traer invitados a casa	
Limpiar después de las comidas		Planificar citas del fin de semana	
Lavar los platos			
Aspirar		**Finanzas**	
Limpiar los baños		Pagar las facturas	
Lavar la ropa		Hacer el balance de la chequera	
Planchar la ropa		Archivar y registrar	
Guardar la ropa limpia		Llenar formularios del impuesto a la renta	
Arreglar la cama		Ganar los ingresos familiares	
Devolver los materiales reciclables		Manejar las inversiones familiares	
Juntar y organizar la basura antes de sacarla			
Sacar la basura al exterior		**Carro**	
Cortar la hierba		Mantenimiento del carro	
Plantar flores		Seguro del carro	
Remover la nieve con palas		Costos de la matrícula del carro	
Barrer las hojas		Compra del carro	
Limpiar/barrer el suelo		Financiamiento del carro	
Limpiar el sótano			
Limpiar el garaje		**Misceláneas**	
Decorar el interior		Comprar tu ropa	
Pintar la casa en el interior		Comprar su ropa	
Pintar la casa por fuera		Comprar una computadora	
Comprar muebles		Mantenimiento de la computadora	
Comprar una casa/alquilar un apartamento		Programar la hora de alarma	
Conseguir los préstamos hipotecarios		Apagar o bajar la calefacción por la noche	

Como el diseñador que entiende completamente a ambos sexos, Dios creó pautas para nuestros roles como marido y mujer. Aunque las listas de tareas que actualmente tienen hombres y mujeres pueden ser más parecidas entre sí que lo que fueron hace cuarenta años, la receta de Dios para el éxito no ha cambiado. Aunque la sociedad intente crear roles unisex para las parejas de hoy, la palabra de Dios sigue especificando claramente instrucciones diferentes para hombres y mujeres.

Efesios 5:22-23

Esposas, sométanse a sus propios esposos como al Señor. Porque el esposo es cabeza de su esposa, así como Cristo es cabeza y Salvador de la iglesia, la cual es su cuerpo.

La sociedad generalmente ataca el plan de Dios de dos maneras. La primera es definir los roles en una manera extrema, colocando al esposo como un dictador esclavista que utiliza a su mujer para satisfacer todos sus caprichos, y la mujer como un felpudo sin derechos ni sentimientos que pronuncia "Sí, mi amo" a todas sus órdenes. Al definir los roles de esta manera, se puede apreciar que son arcaicos, irracionales e indeseables. Por lo tanto, el plan de Dios para el matrimonio debe ser descartado porque ya no es aplicable. Pero Dios nunca quiso esta perversión de su plan.

La segunda forma en que la sociedad ataca el plan de Dios es diluyendo el significado de los roles hasta que no tienen ninguna aplicación real. Así, se puede definir al esposo como el líder, pero se limita su liderazgo básicamente a cuando la mujer está de acuerdo con él. Y se puede definir el papel de la esposa como ser sumisa, pero únicamente cuando el esposo es cariñoso y eficaz en su liderazgo. Esta definición atrae a aquellos que buscan la apariencia de poner en práctica la Biblia, pero que carecen de la convicción de hacer lo que la Biblia dice cuando ello difiere de lo que es atractivo según su pensamiento sobre el tema.

¿Qué significa liderar y someterse?

Todos hemos estado bajo la autoridad de otro adulto. En entornos ajenos al matrimonio, sabemos lo que queremos de la persona que tiene autoridad sobre nosotros. Nadie quiere estar bajo las órdenes de un dictador esclavista. Queremos una persona que se responsabilice y sepa a dónde quiere ir y nos facilite seguirla. Queremos a alguien que valore nuestras ideas y aportes. Queremos un líder que nos escuche y tenga en cuenta nuestras necesidades y preocupaciones, pero que tome decisiones por el bien del conjunto. Queremos a alguien que ponga el bien común por encima de sus propios deseos y necesidades.

Muchos de nosotros hemos estado en el rol de liderar algo en un determinado momento y sabemos lo que queremos de quienes dirigimos. Queremos personas que sean flexibles, cooperativas y serviciales. Queremos personas que digan de buen grado lo que piensan, pero que acepten un "no" como respuesta sin aislarse ni buscar formas de tomar represalias. Queremos dirigir a quienes son respetuosos y hacen que sea fácil dirigir. Queremos jugadores de equipo que nos mantengan informados. No queremos dirigir a alguien que insiste en competir contra nosotros o que desafía constantemente nuestra autoridad.

Por otro lado, no queremos seguidores ciegos que hagan todo lo que decimos sin pensar ni discutir los aspectos negativos que pudieran prever. No queremos dirigir a otros que no tienen iniciativa y que se sientan a esperar la siguiente serie de instrucciones. No queremos liderar a aquellos que exteriormente hacen lo que se les pide, pero que interiormente albergan resentimiento y malicia.

Qué significa someterse? ¿Qué es lo que no significa? ¿Cómo se ha demostrado esto en tu relación?

¿Qué significa liderar? ¿Cómo se ha demostrado esto en tu relación?

Otros pensamientos, preguntas y reflexiones…

9
Los dos se convertirán en uno

Objetivo: Prepararme para tener una vida sexual que proporcione gran
satisfacción a mi cónyuge y a mí

El plan de Dios es sorprendente. Desde el principio, su plan incluía que los dos "serán una sola carne". Mira el siguiente pasaje del Génesis, el primer libro de la Biblia:

Génesis 2:24 NBLA
Por tanto el hombre dejará a su padre y a su madre y se unirá a su mujer,
y serán una sola carne.

Mientras se preparan para comprometerse mutuamente en el matrimonio, confíen en que Dios tiene planes increíbles para su relación sexual y ha proporcionado las instrucciones para asegurar el éxito.

Sobre ti
Por favor, responde a algunas preguntas que proporcionen alguna información sobre ti.

¿Qué incluyes en tu definición de sexo?

_____

_____

_____

_____

¿Cómo te sientes respecto al sexo?

_____

_____

_____

¿Dónde has obtenido tus conocimientos sobre el sexo? (Por ejemplo, de tus padres, escuela, televisión, amigos, libros, etc.). ¿Has leído algún libro sobre el sexo? (por ejemplo, *El acto matrimonial* por Timothy LaHaye).

_____

_____

_____

Por favor, comparte cualquier temor o preocupación que tengas sobre el sexo respecto a tu futuro matrimonio.

¿Cuáles son los acontecimientos significativos de tu vida que han influido en tu forma de percibir el sexo?

¿Tienes algún hábito o práctica que pueda afectar tu vida sexual?

¿Tienes algún problema de salud que pueda afectar tu vida sexual?

¿Qué método anticonceptivo has elegido? ¿Has hablado de ello con tu futuro cónyuge?

Una sociedad pornográfica

Nuestra sociedad habla ahora abiertamente del sexo. Las conversaciones sobre el sexo, las insinuaciones sexuales y las escenas de sexo implícito nos confrontan frecuentemente, comenzando a una edad temprana. Toda esta discusión sobre el sexo se ha convertido en una fuerte influencia en la vida de toda persona que se prepara para casarse. La visión del sexo de las "películas y revistas para adultos", aunque sigue siendo pervertida y dañina, ahora se ha extendido a los programas de televisión en horario de máxima audiencia y en las películas "aptas para todos" de los cines. No dejes que estos mitos perversos que se presentan como hechos "bien conocidos" roben la alegría de tu relación sexual. Busca una pareja madura y espiritual en la que confíes (una pareja mentora), y haz todas tus preguntas. La verdad te ayudará a construir sabiamente el importante aspecto sexual de tu relación. Por mucho que creas que sabes, si te mantienes abierto, puede que te sorprenda lo que aprenderás. Los cónyuges que se entregan desinteresadamente uno al otro encuentra la satisfacción a largo plazo de la que tantos otros hablan pero que no pueden encontrar.

¿Qué preguntas pendientes de resolver tienes sobre el sexo?

Un regalo de Dios

Una de las grandes bendiciones de Dios en el matrimonio es la relación sexual. En Proverbios 5, Dios compara el sexo en el matrimonio a una fuente o un manantial donde uno puede venir y beber hasta saciarse. El plan de Dios para el matrimonio, cuando se sigue, produce una satisfacción real y continua, no solo por una noche, unas semanas o hasta que lleguen los hijos. Incluso en el mundo actual de relaciones fallidas y matrimonios que terminan en divorcio, siguiendo el plan de Dios se puede construir un matrimonio que dure y que satisfaga sexualmente a ambos y para toda la vida.

Proverbios 5:18-19

¡Bendita sea tu fuente!
¡Goza con la esposa de tu juventud!
Es una gacela amorosa,
es una cervatilla encantadora.
¡Que sus pechos te satisfagan siempre!
¡Que su amor te cautive todo el tiempo!

El sexo posee una maravillosa cualidad mágica: une a los cónyuges física y emocionalmente. Esta cualidad induce al error o engaña a las parejas que practican el sexo antes del matrimonio, convenciéndolas de que su relación es más fuerte y profunda de lo que realmente es. Pero para las parejas casadas que desarrollan una vida sexual regular y satisfactoria, esta cualidad les une de una manera única que fortalece su relación.

El sexo nunca puede proporcionar una base sólida para tu relación. El plan de Dios se basa en el compromiso, primero con Dios, y luego con el otro, y crea un ambiente en el que su amistad puede profundizarse para toda la vida. El compromiso y la amistad proporcionan la atmósfera perfecta para una vida sexual que trae satisfacción y florecimiento. El compromiso dice: "Te quiero y estaré contigo el resto de mi vida. El hecho de que yo permanezca contigo no depende de tu belleza, de tu desempeño en la cama o de la perfección con la que satisfagas mis necesidades. Me comprometo contigo a complacerte".

Las diferencias entre hombres y mujeres

Dios nos diseñó para ser complementarios, compañeros perfectos para el sexo. Ciertamente, los hombres y las mujeres difieren ampliamente en casi todos los aspectos del sexo, desde nuestras anatomías hasta nuestras percepciones. Aunque esto hace que el sexo sea excitante y maravilloso, frustra a quienes no han aprendido a entender las necesidades de su pareja. Todas las personas entran en el matrimonio sabiendo que hay diferencias significativas entre hombres y mujeres, pero pocos aprecian la profundidad de las diferencias hasta que han experimentado años de matrimonio. Considera la siguiente lista de elementos relacionados con el sexo, y describe cómo ves las tendencias que percibes entre las mujeres y los hombres. ¿En qué se diferencian? ¿En qué se parecen?

Área	Mujeres	Hombres
Un conflicto reciente		
Estimulación visual		
Ambiente (iluminación, olores, música)		
Juego previo		
Duración de la relación sexual		
Romance		
Conexión entre sentirse amado y tener sexo		
Sexo espontáneo		

Poner la mesa

Los que quieren disfrutar del sexo juntos deben aprender primero a "poner la mesa". Cuando te preparas para tener una buena comida, primero hay que preparar la mesa. La forma de tratarse antes de tener relaciones sexuales es muy importante. Un saludo afectuoso, la ayuda en una tarea muy pesada, un beso cariñoso o alguna otra expresión de amor preparan a todos, especialmente a las mujeres, para la intimidad. La forma en que las mujeres se sienten sobre sí mismas afecta la forma en que se sienten al hacer el amor con sus esposos. Muchos hombres no tienen ni idea de todo lo que implica construir una gran vida sexual juntos. Un hombre recién casado escribió las siguientes palabras.

Antes de estar casado, pensaba que el concepto de relaciones sexuales era un proceso mucho más sencillo para parejas que están casadas. Ignoraba el componente emocional del proceso y no era consciente de las diferentes perspectivas entre hombres y mujeres. Poco después de casarme descubrí que todo el proceso de mantener relaciones sexuales era mucho más complicado de lo que esperaba. Siendo hombre y sin experiencia en la materia, supongo que lo equiparaba a querer comer un sándwich con alguien y hacer precisamente eso. Claro, hay que elegir el pan y otros ingredientes que pueden ser únicos para cada individuo. Sin embargo, el hecho de comer un sándwich no es algo que vaya a estar determinado por el horario, las cosas pendientes de hacer, la interacción con los demás a lo largo del día, o los sentimientos que provienen de recordar otros temas no relacionados. Sospecho que gran parte de mi perspectiva sobre el asunto puede ser el resultado de conversaciones y, sobre todo, de películas, material estándar (clasificado R o PG) y la pornografía, ya que no tenía ninguna otra referencia.

Mi desconocimiento del componente emocional fue lo que más me sorprendió. Descubrí que las discusiones fuertes actúan como un cortocircuito para ambos (probablemente me impacta más a mí). Después de tener una discusión ya no disfruto fácilmente del proceso de estar cerca de mi pareja. Otros bloqueos emocionales provienen de la perspectiva física que tiene mi esposa de sí misma. Este es un proceso complicado porque puede tener su origen en que yo, por ejemplo, no la halague constantemente. Otro punto tiene que ver con mi interacción diaria con ella. Si ella siente que no he sido sensible con ella o que no he valorado sus sentimientos u otras cosas por el estilo, entonces nuestra relación sexual se convierte en un proceso difícil o deja de haber un proceso del todo.

Otra observación que hice fue la diferente perspectiva entre hombres y mujeres. Algunos de los problemas de pureza, que tenía antes de estar casado, aún persisten. Pensé que una relación sexual en el matrimonio eliminaría esa área de pecado por completo. Debo admitir que ha ayudado en algunos aspectos, pero me ha abierto nuevas áreas de lucha que nunca había considerado. He aprendido que mi esposa, como la mayoría de las mujeres, está completamente en sintonía con la naturaleza emocional de nuestra relación y obtiene tanto de ello como yo lo obtengo del sexo. Esto aún no lo he resuelto en mi mente, pero debo concluir que es bastante desconcertante. Esto se ve agravado por el hecho de que el proceso físico no ocurre al grado de espontaneidad que yo había imaginado porque los hombres y las mujeres están preparados para el proceso en momentos diferentes. Esto ha servido para desafiar mi egoísmo. No tenía ni idea de que la programación hubiera jugado un papel tan importante en el proceso para nosotros, pero así ha sido.

¿Cómo puede el esposo "poner la mesa" para un gran matrimonio, así como para una gran vida sexual juntos?

_____

_____

_____

Comunicación sobre el sexo

Es muy importante dar retroalimentación a tu pareja. Como individuos, todos tenemos gustos diferentes. Sentimos las cosas de manera diferente. Respondemos de forma diferente. Y las cosas cambian. A veces nos puede gustar una cosa, y otro día nos puede gustar algo totalmente diferente. Esto es muy normal. Lleva tiempo saber lo que nos gusta y lo que queremos. Esto hace que la tarea de complacer a tu pareja sea interesante y a veces desafiante. Por esta razón, su vida sexual juntos puede enriquecerse a lo largo de los años a medida que crecen en su capacidad de complacer al otro. De nuevo, esto es normal y es lo que debería ocurrir.

Es muy importante la forma en la que se proporciona información. Dile lo que te gusta. El refuerzo positivo no solo hace que tu pareja se sienta bien, sino que le sirve de guía respecto a lo que te gusta. A todo el mundo le gusta escuchar: "Me encanta cuando haces _____".

Utiliza la retroalimentación negativa con moderación y trata de combinarla con una positiva. "Me gusta mucho más cuando haces _____". Se puede lograr casi lo mismo con la retroalimentación positiva.

No utilices la emoción en los comentarios negativos. Gritar a tu cónyuge "¡No hagas eso!" puede provocar que se sienta incapaz o torpe y quiera dejar de hacer el amor por completo. "No me gusta eso. Preferiría esto". Estas palabras, pronunciadas con amor, pueden guiar a tu pareja sin hacerla sentir mal.

Ejercicio: Masajea los hombros de tu pareja. Permite que te diga cómo le gusta. Después de un par de minutos, permítele que te masajee los hombros mientras la guías. Utiliza este ejercicio como un buen antecedente para entender cómo pueden comunicarse también sobre la relación sexual. (Debido a la naturaleza de este ejercicio, quizá sea mejor hacerlo en presencia de una pareja mentora).

Tu cuerpo no es tuyo

Jesús nos pide que nos neguemos a nosotros mismos y lo sigamos. Aprendemos de Pablo en Filipenses 2:3-4 que seguir a Cristo implica considerar las necesidades de los demás; nos instruye: "Con humildad consideren a los demás como superiores a ustedes mismos". Estas instrucciones preparan a los cristianos para ser grandes amantes. Tu papel al hacer el amor es complacer a tu pareja. Esto simplifica las cosas. En lugar de preocuparte por tu rendimiento, concéntrate en cómo complacer a tu pareja. Una satisfacción considerable viene de simplemente complacer a su pareja. Ambos están satisfechos cuando hacen el amor con esta mentalidad.

1 Corintios 7:3-4

El hombre debe cumplir su deber conyugal con su esposa, e igualmente la mujer con su esposo. La mujer ya no tiene derecho sobre su propio cuerpo, sino su esposo. Tampoco el hombre tiene derecho sobre su propio cuerpo, sino su esposa.

Está claro que en la relación amorosa hay que dar y recibir. El plan de Dios implica que dos personas se den mutuamente. Debes permitir y ayudar a tu pareja a complacerte. Esto significa proporcionarle información de una manera alentadora que le ayude a obtener placer. Significa que te preocupas por ella y por sus sentimientos, incluso cuando eres tú quien está recibiendo.

Intimidad

El sexo implica una entrega total de uno mismo en lo más íntimo. Sin embargo, tener sexo no garantiza la intimidad. Las parejas deben aprender a intimar creciendo juntas, conociéndose y compartiendo abiertamente lo que piensan y sienten en su interior.

¿Qué significa ser íntimo?

¿Cómo afecta el nivel de intimidad de una pareja a su relación sexual?

¿Cómo afecta la relación sexual de una pareja a su nivel de intimidad?

¿Con qué frecuencia?

Las parejas suelen querer saber con qué frecuencia deben mantener relaciones sexuales. Quieren saber qué es lo normal o la media. La respuesta es que lo "normal" varía, no solo de una pareja a otra, sino también de un tiempo a otro para una pareja. El apetito sexual de una persona varía naturalmente con el tiempo. También puede verse afectado por factores como la salud y la vida (por ejemplo: horas extras de emergencia en el trabajo). Cada pareja es diferente y debe averiguar qué es lo que les conviene. Como no hay dos personas iguales, este proceso requiere paciencia, comprensión y sacrificio.

Las lunas de miel suelen ofrecer una amplia oportunidad y un entorno propicio para mantener relaciones sexuales. Al cabo de este tiempo, las parejas logran establecer lo que es normal para ellas. Por lo general, las parejas descubren que esto varía de una a varias veces por semana. Las parejas deben tener cuidado de evitar pasar largos periodos de tiempo sin tener sexo. Esto los expone a tentaciones como la lujuria y a inseguridades, y les priva de las bendiciones de Dios destinadas a las parejas casadas. Quienes tienen apetitos sexuales más fuertes que los de su cónyuge deben tener cuidado de no convertir el sexo en una tarea rutinaria para su pareja. Busquen lo que es mutuamente beneficioso.

Otros pensamientos, preguntas y reflexiones…

10
Un buen comienzo

Objetivo: Establecer buenos hábitos que nos ayuden a construir un gran matrimonio

¡Felicidades por haber completado este material! Ahora sabes más sobre qué expectativas tener en tu vida matrimonial y has aprendido algunas herramientas y algunas formas de pensar que te ayudarán a lidiar efectivamente con las situaciones que enfrentarás en tu matrimonio. El aprendizaje no termina aquí. Cada día traerá nuevas oportunidades de crecimiento que te desafiarán y te harán madurar mientras sigues aprendiendo a vivir feliz para siempre.

Por último, desarrolla algunos buenos hábitos que te servirán. La forma de empezar su matrimonio es muy importante. Unos cuantos buenos hábitos pueden llevarte muy lejos hacia tu objetivo de un matrimonio feliz.

1. **Salúdense cordialmente al salir y al volver.** Esto marcará las pautas para su interacción. Sirve para confirmar a tu pareja que la quieres, la respetas y que te sientes auténticamente feliz de verla. Les ofrece una gran oportunidad para expresar su afecto, un ingrediente clave para el éxito de los matrimonios. Los que no están acostumbrados a esta práctica pueden encontrarla tediosa y pueden dudar del beneficio. Háganlo de todos modos. Aunque no vean los efectos inmediatos de dicha práctica, el tiempo se los aclarará.

2. **Dediquen un tiempo regular a hablar cada día.** Encuentra un momento regular para hablar. Aunque parezca sencillo, muchas relaciones podrían haberse salvado con esta actividad. Habla de las decisiones a tomar en el día y quién hará qué. Más vale comunicarse en exceso que suponer. Y lo que es más importante, tómate un tiempo todos los días para compartir con tu pareja lo que sientes y cómo estás. Estas conversaciones personales crean intimidad y unen nuestros corazones. Así es como descubrimos lo que hay en nuestro corazón, así como lo que hay en el corazón de nuestra pareja. Esto construye su relación. Ninguna persona permanece en el mismo estado, a medida que uno madura y cambia, estas discusiones otorgan la oportunidad de estar en sintonía con el otro y de hacer más profundo su amor mutuo, más allá del amor que comparten hoy. No te pierdas lo evidente. Tómate un tiempo cada día para hablar.

3. **Encuentren cada día formas de edificarse el uno al otro.** Haz una lista de las cosas que amas sobre tu pareja. No te detengas en diez o veinte, busca unas cincuenta o cien. Te sorprenderá ver lo mucho que amas a tu pareja y lo mucho que tienes que agradecer. El proceso de escribir ello te ayuda y dirige tu pensamiento. A continuación, elige un elemento de la lista cada día, y encuentra una forma creativa de expresárselo. No seas condescendiente ni le hables en términos generales que tienen poco significado. Haz que tus comentarios sean personales. Dedica tiempo cada día a pensar en cómo puedes animar a tu cónyuge. Averigua qué es lo que lo anima y hazlo. Si no eres muy bueno en esto, sigue intentándolo. La práctica te hará mejorar. Cuando dos personas invierten su energía en construirse mutuamente, la vida es realmente buena. Haz tu parte, y convierte el animar a tu cónyuge en un hábito diario.

4. **Acostarse y levantarse juntos.** Hay beneficios obvios de hacer esto y algunos que pueden no ser tan evidentes. Construye su sentido de identidad como pareja y crea oportunidades para conversar, acurrucarse y tener sexo. Aumentas tu disciplina y evitas los peligros de quedarte despierto hasta tarde cuando abundan todo tipo de tentaciones. Si uno necesita dormir mucho más que el otro, al menos una vez hagan algo juntos, preferiblemente yendo a la cama juntos. Aunque no siempre sea posible, conviértelo en tu práctica, y serás recompensado.

5. **Practiquen el sexo con regularidad y frecuencia.** Aunque esto pueda parecer algo extraño de decir, la verdad es que la vida es muy ajetreada, y el egoísmo puede distraer a las parejas de este importante regalo de Dios. Trabajos estresantes, resfriados y la gripe, los periodos menstruales, los niños y muchas otras cuestiones pueden influir en el plan perfecto que implica su matrimonio. Programen los momentos en los que planean hacer el amor. Aunque para algunos este pensamiento resulta desagradable porque dan mucha prioridad a la espontaneidad, la planificación y la preparación cuidarán que su tiempo les permita verdaderamente tener intimidad entre ustedes. La planificación y la preparación juegan un papel fundamental en casi todas las fases de tu vida, y tu vida sexual no es diferente. Una cuidadosa planificación y preparación puede permitir que esos momentos especiales y memorables se produzcan de una manera que parezca espontánea. Las tentaciones sexuales pierdan gran parte de su seducción cuando ambos se sienten satisfechos. Háganse un favor a ustedes mismos y tengan relaciones sexuales regularmente y con frecuencia.

6. **Construyan juntos su vida espiritual.** El matrimonio se trata de moldear y fusionar dos vidas en una. Aunque cada persona es responsable ante Dios individualmente, el matrimonio proporciona una oportunidad de fortalecerse mutuamente compartiendo sus vidas espirituales. Hablar con Dios en voz alta hace que tu cónyuge sea consciente de tu deseo de agradar a Dios, de tus miedos, de tus sueños y cómo te sientes hacia Dios. Cuando hacen esto diariamente, crecen juntos en su caminar con Dios y con el otro. Comprendes mucho más el corazón de tu cónyuge, y revelas mucho más sobre tu propio corazón. Estudiar la Biblia juntos de forma regular puede también fortalecer su vida espiritual. Dos personas extraen más conocimiento de un pasaje que una sola. Conversar entre ustedes sobre lo que leen permite que el mensaje penetre más profundamente en el corazón y permite hablar sobre tus desafíos y cómo los aborda la Biblia.

   Compartir regularmente sus oraciones y sus devocionales debe ser algo que ambos quieran hacer. No es algo que deba forzarse a una pareja que no está dispuesta. A algunos les resulta difícil compartir algo tan personal y sienten que cuando intentan compartirlo con su pareja, es algo que obstaculiza su caminar con Dios. Aun así, vale la pena el esfuerzo. Ponte como objetivo compartir sobre la relación más importante que tienes, pero asegúrate de utilizar estos momentos de forma constructiva. No los utilices para que sean sesiones que busquen detectar los defectos de tu pareja y lo que la Biblia dice para corregirlos. Utiliza este tiempo que se dan mutuamente para edificar a tu pareja y para crecer en su propio conocimiento y convicción. Pocas personas disfrutarán de momentos que se convierten en misiones de búsqueda y corrección de defectos. Siéntete libre de compartir lo que ves en tu vida que quieres cambiar, pero no hagas que sea tu responsabilidad señalar lo que Dios le dice a tu pareja y lo que debe cambiar.

Se puede aprender mucho más sobre cómo tener éxito en tu relación. Sigue aprendiendo, y cada día te aportará más conocimientos. A veces la fuente será la Biblia o tu cónyuge. Otras veces la fuente puede ser un libro, un compañero de trabajo, un amigo, una situación, un problema o incluso un hijo. Disfruta del amor de tu vida y agradece el regalo que Dios te ha dado. ¡Sigan aprendiendo y prepárense a vivir como uno solo!

Otros pensamientos, preguntas y reflexiones…

Building Emotional Intimacy in Your Marriage

Achieving Closeness that Will Last Forever

Jeff and Florence Schachinger

amigos amantes

el matrimonio como Dios lo diseñó

Sam y Geri Laing

Incluye una sección especial sobre las citas y el compromiso

Love

Gloria E. Baird
Kay S. McKean

Your

Husband

Sam y Geri Laing

Los 8

Principios esenciales del matrimonio

Una serie de ocho pláticas semanales para parejas casadas

Sam y Geri Laing

LOS 8

Principios Esenciales de una Familia Fuerte

Una serie de discusión de ocho semanas para padres de familia

Take Back DATING

100 Date Ideas to Build Relationships and Have a Blast While Doing It

Jake and Nancy Jensen

How Healthy Intimacy in Marriage Reveals God

Better Than WINE

Steven R. Saindon

La Aljaba

Douglas y Victoria Jacoby

Una Crianza Cristiana En Un Mundo No Cristiano

www.ipibooks.com